# 세상을 바꾼
# 재판 이야기

세계는 내 친구 시리즈 1

# 세상을 바꾼 재판 이야기

## 논리력과 사고력을 키워 주는 청소년 세계사

글 박동석

하마

# 공정하고 정의로운 세상을 만들기 위한 노력

만약 법이 없다면 우리가 사는 세상은 어떻게 될까요? 깊게 생각해보지 않더라도 그 결과는 쉽게 상상이 될 거예요. 혼란과 갈등, 분쟁과 폭력이 만연한 세상이 되지 않겠어요? 그런 까닭에 사회가 있는 곳에는 늘 법이 있었다고 볼 수 있지요.

현존하는 가장 오래된 법전은 기원전 2100~2050년경에 만들어진 '우르남무 법전'이에요. 지금으로부터 약 4천 년 전에 이미 법이 있었다는 것을 우르남무 법전으로 확인할 수 있지요. 우르남무 법전이 발견되기 전에는 기원전 1750년경에 만들어진 '함무라비 법전'이 가장 오래된 법전이었어요. 여러분도 잘 알고 있는 "눈에는 눈, 이에는 이"라는 문구가 있는 법전이에요.

그렇다고 우르남무 법전이 인류 최초의 법전은 아니에요. 그것은 어디까지나 현존하는 가장 오래된 법전일 뿐이에요. 우르남무 법전 이전에도 법은 있었을 것으로 쉽게 추정할 수 있어요. 사회가 있는 곳에는 항상 법이 있었으니까요. 그 이전의 법은 우리가 발견하지 못했을 뿐이에요.

법은 인간이 집단생활을 시작할 때부터 존재했고, 사회 질서를 유지하고 평화로운 세상을 만드는 데 매우 중요한 역할을 했어요. 그런 의미에서 법은 '정의의 수호자, 평화 지킴이'라고 말할 수 있어요. 조금 과장하면 우리 인간 사회는 법이 만들어낸 사회라고도 말할 수 있지요. 하지만 법이 만병통치약은 아니에요. 사회 질서를 유지하고 평화를 지키는 법이 때로는 사회를 더 혼란하게 만들고, 평화를 해치는 경우도 있어요. 법은 그 자체로는 매우 유용하고 필요한 것이지만 그것을 잘못 적용할 때에는 엄청난 혼란을 초래할 수도 있기 때문이에요.

우리 역사에서도 이런 경우는 참 많았어요. 가장 공정하고 원칙에 맞게 법을 적용해야 함에도 권력의 눈치를 보거나 이해관계를 고려하여 법을 적용한 경우가 많았어요. 지금은 과거보다는 공정하게 법을 적용하고 판결하는 사회가 되었지만, 법의 적용과 판결도 사람이 하는 일이다 보니 간혹 공정하지 못한 경우가 생기기도 해요. 법이 공정하게 적용되지 못하면 많은 사람들이 피해를 입게 되고, 우리 사회도 큰 혼란에 빠질 수 있어요. 법의 적용과 판결이 그만큼

중요하다는 말이지요.

　이 책은 세계적으로 큰 관심을 받고 울림을 주었던 재판과 그 판결에 대한 이야기를 담고 있어요. 이 책에 소개된 재판 중에는 모든 사람들에게 큰 감명을 안겨 준 판결도 있지만 권력의 눈치를 보고 공정하지 못한 판결을 내린 경우도 있고, 원칙을 무시하고 개인적인 이해관계에 따라 판결을 내린 경우도 있어요.

　공정한 판결과 공정하지 못한 판결의 결과는 우리 사회에 어떤 영향을 미쳤을까요? 만약 공정하지 못한 판결이 발생한다면 우리는 어떻게 대처해야 할까요? 또 공정한 사회, 건강한 사회를 만들기 위해 우리는 어떤 자세를 가져야 할까요?

　한 가지 확실한 것은 우리가 법과 재판에 관심을 가지면 가질수록 우리 사회는 더 건강하고 공정하게 된다는 사실이에요. 이 책이 그 역할을 하는 데 작은 보탬이 되기를 간절히 바랍니다.


2020년 1월

박동석

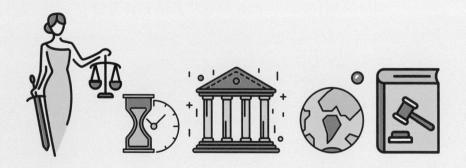

# 제1장

# 신이시여, 진실은 무엇인가요?

## 종교와 사상, 신념에 관한 재판

# 1.

## 소크라테스는
## 젊은이들을 타락시켰는가?

① 소송 시기: 기원전 399년

② 소송을 제기한 사람: 멜레토스(시인), 리콘(웅변가), 아니토스(정치인)

③ 소송을 당한 사람: 소크라테스

④ 판결 시기: 기원전 399년(아테네 아고라 재판정)

⑤ 판결: 배심원들은 361 대 140으로 소크라테스를 사형에 처하자는 고발인들의 제안을 받아들였다.

▲ 그리스 아테네 아카데미 앞에 있는 소크라테스 조각상

너 자신을 알라

## 소송 내용과 판결

소크라테스는 세계 4대 성인(예수, 석가모니, 공자, 소크라테스 또는 무함마드) 중 한 명으로 추앙을 받고 있는 고대 그리스의 철학자이자 사상가예요. 이렇게 성인의 반열에 올라 있지만 그는 기원전 399년 재판을 받고 사형에 처해졌어요.

어떻게 이런 일이 일어났을까요? 소크라테스를 사형에 처한 재판은 지금까지 많은 사람들이 인용하면서 그 의미를 되짚어볼 만큼 유명한 재판으로 기록되고 있어요.

흔히 소크라테스라고 하면 우리는 "너 자신을 알라"라는 말과 "악법도 법이다"라는 말을 한 철학자로 기억하고 있지요. 사실 "너 자신을 알라"는 소크라테스가 처음 한 말이 아니었어요. 이 말은 델피('델포이'의 전 이름)의 아폴론 신전 문에 적혀 있는 문구였는데, 소크라테스가 그 말의 의미를 전파하면서 그가 한 말로 널리 알려지게 된 거예요. 또한 "악법도 법이다"도 소크라테스가 직접 한 말은 아니라는 견해가 지금은 인정받고 있어요. 이 말은 과거 독재 정권 시절에 준법정신을 강조하기 위해 명확한 근거 없이 소크라테스가 말한 것처럼 널리 알려졌어요. 당시 소크라테스가 처한 상황을 고려하면 충분히 그런 말을 하고 독배를 마셨을 거라고 예상할 수도 있지만, 지금까지 그와 관련된 어떤 자료에도 소크라테스가 그런 말을 했다는 기록은 없다고 해요.

소크라테스는 도시 국가인 아테네가 가장 막강한 힘을 자랑하던 기원전 470년경에 태어났어요. 아테네에 이런 힘이 주어진 것은 기원전 490년경에 일어난 페르시아 전쟁에서 승리했기 때문이에요.

동방의 제국 페르시아는 기원전 490년경에 그리스 도시 국가들을 침략했어요. 그리스의 도시 국가들은 페르시아가 침략해 오자 아테네를 중심으로 연합군을 편성하여 페르시아에 맞섰고, 결국 기원전 479년 전쟁을 승리로 이끌었어요.

전쟁 이후 아테네는 최강의 도시 국가로 성장했고, 주변에 많은 식민지를 거느리면서 민주 정치를 뿌리내리며 최고의 전성기를 누렸어요. 이 시기 만들어진 대표적인 건축물이 바로 '파르테논 신전'이에요.

또 기원전 443년경에는 페리클레스라는 훌륭한 지도자가 등장하여 아테네 민주 정치는 더욱 확고하게 자리 잡을 수 있었고, 문화적으로도 황금기를 이루었어요. 하지만 아테네의 황금기는 그리 오래가지 못했어요. 아테네의 급성장에 위기를 느낀 이웃 나라 스파르타가 제동을 걸고 나섰기 때문이에요.

스파르타는 그리스의 다른 도시 국가들과 펠로폰네소스 동맹을 맺어 아테네에 대항했어요. 이 전쟁이 바로 기원전 431년경에 일어난 펠로폰네소스 전쟁이에요. (26쪽 '더 알아보기' 참조) 전쟁은 27년 동안 계속되었고, 전쟁의 승리자는 스파르타였어요.

기원전 404년경 전쟁이 끝나자 아테네는 내리막길을 걷기 시작했어요. 엄청난 전쟁 배상금을 물어야 했고, 인구는 감소했으며, 전쟁 피해와 복구 등으로 사회는 극도로 혼란스러웠어요. 바로 이런 어수선한 시기에 소크라테스는 도시와 마을, 시장을 돌아다니며 사람들에게 삶에 대한 철학적인 질문을 던지기 시작했어요. 덕이란 무엇이고, 올바르게 산다는 것은 무엇인지에 대해 끊임없이 질문을 던지며 사람들이 스스로 깨우칠 수 있도록 만들었어요.

많은 사람들이 소크라테스와 대화를 하면서 자신의 삶을 되돌아보았고, 젊은이들은 소크라테스를 스승으로 섬기며 따르기 시작했어요. 하지만 사회 지도층에 있는 사람들은 소크라테스를 좋지 않게 보았어요. 젊은이들이 소크라테스를 스승으로 섬기면서부터 전통적인 종교적 믿음과 가치에 대해 의문을 갖기 시작했고, 사회에 대해서도 비판적으로 바라보았기 때문이에요.

소크라테스를 따르는 젊은이들이 점점 많아지자 결국 시인이었던 멜레토스와 웅변가였던 리콘, 정치가였던 아니토스는 아테네 재판정에 소크라테스를 고발했어요. 멜레토스 등 3명이 소크라테스를 고발한 이유는 그가 나라에서 믿는 신을 믿지 않고, 젊은이들을 타락시켰다는 혐의 때문이었어요.

소크라테스의 재판은 기원전 399년 아테네 아고라에 마련된 재판정에서 이루어졌어요. 당시 재판은 제비뽑기로 선출된 500명의 배심원들 앞에서 진행되었어요.

배심원들을 이렇게 많이 둔 이유는 원고나 피고 측이 배심원들을 매수하여 재판에 영향을 줄 수 없도록 하려는 의도에서였어요. 배심원의 숫자는 동일한 수가 나올 수 없도록 홀수로 정했어요. 따라서 당시 배심원은 501명이 되었을

것으로 추정하고 있어요.

　당시 아테네 법정은 검사나 변호사도 없었으며, 배심원들이 고발인과 피고발인의 의견을 듣고 난 후 바로 결론을 내리는 방식이었어요. 배심원들이 내리는 결론은 유죄와 무죄 둘 중 하나였어요. 만약 유죄가 확정되면 고발인과 피고발인에게 적절한 형벌을 말하게 한 뒤 배심원들이 다시 그중에서 하나의 형벌을 선택하여 집행했어요.

　소크라테스의 재판 내용은 그의 제자 플라톤이 쓴 《소크라테스의 변론》에 소개되어 있어요. 하지만 여기에는 소크라테스의 변론만 소개되어 있고, 고발인들의 변론에 대해서는 언급되어 있지 않기 때문에 소크라테스의 변론 내용으로 고발인들의 변론을 추론할 수밖에 없어요.

　《소크라테스의 변론》은 소크라테스가 고발된 이유에 대해 1차 변론을 하고, 유죄 판결이 내려진 후 2차 변론, 그리고 사형이 선고된 후 자신의 소감을 말하는 3차 변론으로 이루어져 있어요. 소크라테스는 1차 변론에서 자신에게 죄가 없음을 논리적으로 밝혔어요. 고발인들이 자신을 고발한 것은 시기심과 비방 때문이며, 만약 자신에게 유죄 판결을 내린다면 그것은 배심원들 스스로를 해치는 일이라고 설득했어요.

　소크라테스의 변론이 끝난 후 진행된 배심원들의 투표 결과, 281 대 220으로 소크라테스에게 유죄가 내려졌어요. 왜 이런 결과가 나왔을까요? 만약 소크라테스가 자신의 혐의에 대해서 죄가 없음을 주장했다면 이런 결과는 나오지 않았을지도 몰라요. 하지만 소크라테스는 배심원들을 가르치고 설득하는 변론을 펼쳤어요. 아마도 배심원들은 소크라테스의 이런 변론에 심기가 불편했을 것이고, 그런 까닭에 유죄를 선택할 수밖에 없었을 거예요.

아무튼 배심원들은 소크라테스에게 유죄를 선고했고, 이제 남은 절차는 고발인들이 제시한 형벌과 피고인(소크라테스)이 대안으로 제시한 형벌 중 하나를 선택하는 거였어요. 고발인들은 소크라테스에게 사형을 내려달라고 요구했어요.

당시 아테네 법정은 고발인들이 사형을 요구하면 피고인은 망명을 대안으로 제시하고, 배심원들은 이를 받아들이는 것이 관례였어요. 하지만 소크라테스의 생각은 달랐어요. 소크라테스는 자신이 평생 동안 사람들을 위해 충고하는 일을 했으므로 영빈관에서 식사 대접을 받는 형벌이 적절하다고 말했어요. 또 망명은 올바르지 않다고 반대하며 벌금을 내겠다고 제안했어요.

배심원들에게 관대한 처분을 바라는 말을 해야 했음에도 불구하고 소크라테스는 오히려 자신에게 상을 주어야 하며, 망명도 거부하고 벌금만 내겠다는 말을 하여 배심원들을 더욱 화나게 만들고 말았어요.

소크라테스의 2차 변론 직후 이루어진 배심원들의 투표 결과, 361 대 140으로 고발인들이 제시한 사형이 확정되었어요. 배심원들을 화나게 만든 결과였어요.

소크라테스는 사형에 처해지자 다시 한 번 배심원들에게 따끔한 충고를 한후, 다음과 같은 유명한 문장으로 자신의 변론을 마무리했어요.

"벌써 작별의 시간이 다가왔군요. 이제 우리는 각자의 길을 갑시다. 나는 죽기 위해, 여러분은 살기 위해. 우리 중에서 어느 쪽이 더 좋은 길을 향해 가는지는 오직 신만이 알고 있습니다."

소크라테스는 재판에서 사형을 언도받은 후 약 한 달 뒤에 감방에서 독미나리 즙으로 만든 독약을 마시고 생을 마감했어요.

# 이의(반대 의견) 있어요!

소크라테스가 재판정에 선 기원전 399년에는 요즘처럼 검사나 변호사가 없었기 때문에 고발인이 검사 역할을 해야 했고, 고발을 당한 사람은 스스로 자신을 변론해야 했어요. 물론 재판 전에 친한 사람들의 도움을 받을 수는 있었지만 소크라테스는 아무런 도움도 받지 않고 변론을 시작했어요.

소크라테스는 자신의 변론에 앞서 그동안 자신에게 쏟아졌던 오해에 대해 해명하는 시간을 가졌어요. 사람들이 소크라테스에 대해 오해한 내용은 두 가지였어요. 하나는 소크라테스가 소피스트라는 오해였고, 다른 하나는 소크라테스가 가장 지혜로운 자라는 오해였어요.

소피스트는 기원전 5세기부터 아테네 사회에 등장하여 변론술을 가르치는 일을 직업으로 삼던 사람들을 이르는 말이에요. 소피스트들 가운데에는 단순한 변론술을 넘어 깊이 있는 철학을 하는 철학자들도 있었지만 대부분의 소피스트들은 학생들에게 수업료를 받고 변론 기술을 가르치는 사람들이었어요. 그런데 시간이 지나면서 소피스트들은 주제와 상관없이 당장의 상황을 모면하기 위한 궤변이나 억지 주장을 펴는 기술을 가르치기 시작했고, 일반 대중들에게 좋지 않은 인상을 주었어요. 또 이들은 자기의 이익을 위하여 변론술을 악용하는 경향이 있었기 때문에 나중에는 궤변가를 뜻하게 되었어요.

변론술의 부정적인 면을 보여 주는 대표적인 사례가 있어요. 바로 소피스트였던 티시아스와 코락스의 일화예요. 티시아스는 코락스에게 변론술을 배웠는데, 수업이 끝난 뒤에도 수업료를 내지 않았어요. 코락스는 티시아스를 상대로 소송을 제기했고, 소송을 당한 티시아스는 재판정에서 다음과 같은 궤변을 늘어놓았어요.

"만약 코락스가 나에게 제대로 된 변론술을 가르쳤다면 나는 그에게 배운 변론술로 이번 소송을 이겨야 합니다. 그러면 당연히 수업료를 낼 필요가 없습니다. 만약 내가 이 소송에서 진다면 그것은 코락스가 제대로 된 변론술을 가르쳐 주지 않았다는 증거가 될 것입니다. 그가 나에게 제대로 된 변론술을 가르쳐 주지 않았기 때문에 역시 나는 수업료를 낼 필요가 없습니다."

당시 아테네 사람들은 이런 궤변을 늘어놓는 소피스트들의 말장난에 지쳐 있었고, 소피스트들을 좋지 않게 생각하고 있었어요. 사람들은 소크라테스도 소피스트처럼 젊은이들을 가르치고 있었기 때문에 같은 소피스트라고 생각했던 거예요. 소크라테스는, 자신은 젊은이들에게 그 어떤 수업료도 받지 않았기 때문에 소피스트는 아니라고 주장했어요. 자신은 단순히 젊은이들에게 올바른 삶에 대해 이야기해 준 것뿐이라고 말했어요.

소크라테스가 가장 지혜로운 사람이라는 말이 나오게 된 것은 델포이 신탁 때문이었어요. 소크라테스의 친구였던 카이레폰은 어느 날 델포이 신전에 가서 소크라테스보다 더 지혜로운 자가 있는지 물었어요. 그러자 신전에서 "소크라테스보다 더 지혜로운 자는 없다"는 신탁을 내렸다는 거예요. 이 말을 전해 들은 소크라테스도 깜짝 놀라기는 마찬가지였어요. 소크라테스는 신탁의 말을 곰곰이 생각해 보았어요. 분명 자신은 가장 지혜로운 사람이 아니었기 때문이에요.

소크라테스는 신탁의 의미를 깨닫기 위해 당시 아테네 사회에서 지혜롭다는 사람들과 사회적으로 신망받는 사람들을 찾아가 많은 대화를 나누었어요. 하지만 그 사람들에게서 지혜로운 점을 발견하지 못했고, 결국 모든 사람은 기본적으로 무지하다는 것을 깨달았어요. 소크라테스는 자신이 무지하다는 것을 깨달은 사람, 바로 그 사람이 가장 지혜로운 사람이라고 생각하게 되었고, 신탁의 의미는 바로 이것이라고 생각했어요.

소크라테스는 재판정에서 자신에게 쏟아진 두 가지 오해, 소피스트라는 것과 지혜로운 사람이라는 것에 대해 이렇게 해명하고 난 다음, 자신의 두 가지 혐의에 대해 변론을 시작했어요.

고발인 중 한 명이었던 시인 멜레토스는 소크라테스가 나라의 신을 믿지 않고 새로운 신앙을 도입했다고 주장했어요. 멜레토스가 이런 주장을 펼친 이유는 소크라테스가 평소 자신의 삶을 인도하는 내면의 소리가 들린다고 말했고, 이 내면의 소리가 신의 정령으로부터 온 메시지라고 주장했기 때문이에요. 소크라테스는 이 주장에 대해 자신의 특기였던 문답법으로 멜레토스를 궁지로 몰아넣었어요.

소크라테스는 멜레토스에게 인간과 신 사이에 신성한 매개자가 있다고 믿으면서 신의 정령을 믿지 않는 자가 있는지 물었어요. 멜레토스는 소크라테스의 이 물음에 대해 그럴 수는 없다고 대답했어요. 즉, 신성한 매개자가 곧 신의 정령일 수 있다는 답변이었어요.

소크라테스는 곧이어 멜레토스에게 신의 정령은 신이거나 신의 자손인지 물었어요. 멜레토스는 신의 정령도 신이거나 신의 자손일 수 있다고 말했어요. 멜레토스가 이렇게 말하자 소크라테스는 곧바로 멜레토스의 말문을 막아버리는 한 방을 날렸어요.

"멜레토스여, 당신은 분명 신의 정령도 신이라고 말했소. 그렇다면 내가 신의 정령으로부터 메시지를 받았다고 하는 것은 신을 믿는 행위이지 신을 부정하는 것이 아니지 않소? 당신 스스로 내가 신을 믿고 있음을 증언하고 있는 것이오."

소크라테스는 또 젊은이들을 타락시키고 있다는 혐의에 대해서는 다음과 같은 변론을 펼쳤어요.

"어떤 사람에게 좋은 이웃과 악한 이웃 사이에 사는 것을 선택하라고 합시다. 아마 모든 사람들이 좋은 이웃과 살기를 바랄 것입니다. 내가 젊은이들과 함께 이야기하고 그들에게 둘러싸여 있는 것은 좋은 이웃과 살려는 마음에서입니다. 그런 내가 어떻게 젊은이들을 타락시킬 수 있겠습니까? 만약 어떤 젊은이가 타락했다면 그것은 내가 의도하지 않은 일이 일어난 것이고, 처음부터 악의가 없었기 때문에 죄가 되지 않습니다. 그런 일이 일어났다면 소송 대신 나를 훈계하는 것으로 마무리 지었어야 했습니다."

소크라테스는 재판정에서 자신에 관한 두 가지 오해에 대해 먼저 해명하고, 그다음 자신에게 쏟아진 두 가지 혐의에 대해 충분한 변론을 펼쳤어요. 하지만 소크라테스의 적극적인 변론에도 불구하고 배심원들은 281 대 220으로 소크라테스에게 유죄를 선언했어요.

# 소송을 바라보는 눈

아테네에서 가장 지혜로운 사람이었던 소크라테스는 왜 유죄 판결을 받았을까요? 소크라테스는 자신에게 쏟아진 두 가지 혐의에 대해 재판정에서 충분한 변론을 펼쳤는데, 왜 배심원들의 지지를 얻지 못했던 것일까요? 2천 년 전의 일이기 때문에 지금으로서는 그 이유에 대해 정확하게 알 수 없고, 다만 몇 가지 상황을 추측할 수 있을 뿐이에요.

소크라테스가 유죄 판결을 받은 이유는 크게 두 가지로 추측해 볼 수 있어요. 하나는 당시 사회적 분위기 때문이고, 다른 하나는 소크라테스 개인에 대한 적대감 때문이라고 말할 수 있어요.

소크라테스가 재판정에 섰던 기원전 399년의 아테네는 펠로폰네소스 전쟁에서 패하고 얼마 지나지 않은 시점이라 사회적으로 매우 불안한 시기였어요. 오랜 전쟁과 전염병으로 인구는 급격히 줄어들었고, 전쟁 비용과 전쟁 배상금으로 국가 재정은 바닥이 난 상황이었으며, 전쟁 패배의 책임을 두고 국론은 분열되어 있었어요.

게다가 전쟁이 끝난 후 스파르타의 지시를 받은 일부 귀족들과 부유층들이 '30인 과두 정권'을 수립하여 수천 명을 처형하는 등 공포 정치를 펼치기 시작했어요. 이들은 평소에도 아테네의 민주 정치를 비판하고 스파르타를 옹호하는 사람들이었는데, 아테네가 전쟁에 패하자마자 자신들의 본색을 드러낸 거였어요. 하지만 아테네의 민주주의를 경험한 시민들과 정치 지도자들은 30인 과두 정권에 저항했고, 상황이 불리했던 30인 과두 정권은 자신들의 과거 행동을 묻지 않는다는 조건으로 시민들과 타협하고 정권을 내려놓았어요.

사태는 가까스로 수습되었지만 30인 과두 정권의 피해는 더욱더 아테네 사회를 혼란스럽게 만들고 말았어요. 아테네 시민들은 이런 사회 혼란을 수습하고 새롭게 출발할 수 있는 일종의 제물이 필요했어요. 그 제물이 바로 소크라테스였지요.

소크라테스가 아테네 사회의 혼란을 수습할 제물이 된 이유는 소크라테스 개인에 대한 적대감 때문이라고 볼 수 있어요. 소크라테스는 30인 과두 정권

시절 아무런 피해도 입지 않았는데, 그것은 소크라테스의 제자들 중 일부가 30인 과두 정권에 참여했기 때문이었어요. 게다가 일부 제자들은 스파르타와의 전쟁 중에 조국 아테네를 배신하기도 했어요.

또 아테네의 많은 젊은이들은 소크라테스와 대화하면서 올바른 삶과 진리에 대해 눈을 뜰 수 있었어요. 소크라테스에게 배움을 받았던 젊은이들은 전통적인 가치와 논리에 의문을 품었고, 기성세대들과 많은 부분에서 부딪힐 수밖에 없었어요. 기성세대는 이런 젊은이들의 행동이 모두 소크라테스 때문이라고 생각했고, 소크라테스에 대해 적대감을 가질 수밖에 없었지요.

아테네 시민들은 혼란한 사회를 수습할 희생 제물이 필요했고, 그 대상으로 소크라테스는 안성맞춤이었을 거예요. 소크라테스가 재판정에서 논리적으로 자신을 변론했음에도 불구하고 유죄 판결을 받은 이유는 바로 이런 사회적 분위기 때문이었어요.

많은 시민들이 소크라테스를 희생 제물로 선택했지만 당시 소크라테스의 영향력은 만만치 않았어요. 1차 투표 결과가 그 사실을 보여 주고 있지요. 만약 소크라테스가 1차 변론에서 자신의 혐의에 대해서만 논리적으로 해명했다면 무죄 판결을 받을 수도 있었을 거예요. 하지만 소크라테스는 논리적인 해명을 넘어서서 배심원들을 깨우치고 설득하려는 어리석은 행동을 저지르고 말았어요. 어쩌면 이런 어리석은 모습이 우리가 아는 성인 소크라테스의 본모습이겠지만 말이에요.

더구나 2차 변론에서는 더욱더 자신의 행동에 대해 정당하다고 이야기하며 상까지 받아야 한다고 주장함으로써 배심원들의 미움을 샀고, 결국 사형에 이르고 말았던 거예요. 소크라테스가 사형을 언도받고 난 후 감방에 갇혔을 때

어릴 적 친구인 크리톤이 찾아왔어요. 크리톤은 소크라테스에게 부당한 방법을 써서라도 탈출해야 한다고 말했어요. 크리톤이 소크라테스에게 탈출을 권유한 것은 재판이 불합리하게 진행되었다고 보았기 때문이에요. 하지만 소크라테스는 친구의 권유를 거절했어요. 소크라테스는 상대가 올바르지 못한 행동을 했다고 똑같이 올바르지 못한 행동을 하는 것은 정의가 아니라고 생각했어요. "악법도 법이다"라는 말은 아마 이 일화에서 유래되었을 거라고 추정하고 있어요.

아무튼 소크라테스는 탈출 권유를 거절하고 감방에서 친구들과 제자들이 보는 앞에서 독미나리 즙을 마시고 숨을 거두었어요. 소크라테스는 억울한 죽음을 맞이했지만 스스로 그 죽음을 기꺼이 받아들임으로써 '철학의 순교자'라는 이름을 얻을 수 있었고, 세계 4대 성인 중 한 명이라는 명예도 얻었어요.

어떤 사람들은 소크라테스가 자신의 죽음을 연출했다고 생각하기도 해요. 소크라테스는 당시 아테네 사회가 자신과 같은 철학자를 받아들일 수 없는 사회라고 생각했고, 재판을 통해 자신의 삶을 마감했던 것이라고 주장하기도 해요. 이런 생각은 소크라테스가 재판정에서 자신에게 유리한 변론을 하지 않고 불리한 변론을 했다는 사실에서 설득력을 얻고 있어요. 결과적으로 소크라테스는 처음부터 죽음을 생각하고 재판에 임했고, 그 재판을 통해 죽음으로써 가장 큰 명예를 얻을 수 있었지요.

# 펠로폰네소스 전쟁

　기원전 490년에 일어났던 페르시아 전쟁은 기원전 479년 그리스 연합군의 승리로 막을 내렸어요. 페르시아는 비록 전쟁에서 패하긴 했지만 여전히 그리스의 도시 국가들을 언제든지 위협할 수 있는 근심거리였지요. 이에 지중해와 그리스 주변의 도시 국가들은 페르시아의 침입에 함께 대항하기 위해 기원전 478년 아테네를 중심으로 동맹을 맺었어요. 이것이 바로 '델로스 동맹'이에요. 동맹을 맺은 국가들이 내는 기금을 델로스 섬의 아폴론 신전에 보관했기 때문에 델로스 동맹이라 부르게 된 거예요.

　도시 국가 아테네의 황금기는 바로 이때부터 시작되었어요. 델로스 동맹이 맺어지고 난 후 펠로폰네소스 전쟁이 일어나기 전까지 약 47년 동안 아테네는 페리클레스라는 걸출한 영웅의 지휘 아래 가장 큰 번영을 누릴 수 있었어요. 특히 기원전 454년경에는 델로스 섬에 보관하고 있던 기금까지 아테네로 옮겨와 이때부터 아테네는 동맹국들을 지휘하는 절대적인 힘도 갖게 되었어요. 또 몇 년 뒤에는 페르시아와 '칼리아스 평화조약'을 체결하여 정치적으로도 안정을 취하게 되었지요. 하지만 한 국가의 지나친 성장은 다른 국가들에게는 위협이 될 수밖에 없었어요. 아테네의 힘이 커질수록 이에 불만을 품은 국가들이 나타나기 시작했어요.

주변 국가들의 불만이 겉으로 드러난 결정적인 사건이 케르키라와 코린토스의 싸움이었어요. 당시 코린토스는 상업 무역이 활발하여 가장 큰 번영을 누리고 있던 도시 국가 중 하나였고, 케르키라는 코린토스의 식민 도시 중 하나였어요.

기원전 433년 케르키라는 독립 전쟁을 일으켰고, 코린토스의 성장을 우려했던 아테네는 케르키라를 지원하고 나섰어요. 아테네가 케르키라를 지원하자 코린토스는 곧바로 스파르타에 지원을 요청했어요. 스파르타는 이미 기원전 6세기경 펠로폰네소스 반도의 도시 국가들과 동맹(펠로폰네소스 동맹)을 맺고 있었는데, 코린토스가 지원을 요청하자 회의를 열어 아테네와의 전쟁을 결의했어요. 이로써 아테네를 중심으로 하는 델로스 동맹 국가들과 스파르타를 중심으로 하는 펠로폰네소스 동맹 국가들 간에 전쟁이 일어났어요. 이 전쟁이 바로 '펠로폰네소스 전쟁'이에요.

펠로폰네소스 전쟁은 코린토스와 케르키라의 싸움 때문에 일어난 전쟁이었지만 사실은 스파르타가 아테네의 힘이 커지는 것을 우려하여 일으킨 전쟁이라고도 볼 수 있어요. 최강의 해군을 자랑하고 있었던 아테네와 최강의 육군을 자랑하고 있었던 스파르타는 그리스 전체의 지배권을 놓고 한판 승부를 벌이게 되었어요.

기원전 431년 스파르타의 공격으로 전쟁은 시작되었어요. 하지만 아테네는 페리클레스의 지휘 아래 스파르타와 정면으로 맞서지 않고 성을 지키는 전술을 택했어요. 페리클레스의 이 전술은 처음에는 성공하는 듯 보였어요. 하지만 승패의 향방은 엉뚱한 곳에서 터지고 말았어요. 아테네 진영에 알 수 없는 전염병이 퍼진 거예요. 이 전염병 때문에 아테네 군대는 치명타를 입었고, 페리클레스도 목숨을 잃고 말았어요.

페리클레스는 죽었지만 아테네는 용감하게 스파르타에 맞섰어요. 하지만 시간이 갈수록 승리의 기운은 스파르타로 옮겨 오기 시작했어요. 기원전 422년 스파르타의 장군 브라시다스와 아테네의 장군 클레온은 엠피폴리스에서 사활을 건 일대 전투를 벌였어요. 이 전투에서 양쪽 진영의 두 장군은 모두 목숨을 잃었고, 아테네와 스파르타는 서로 점령했던 지역을 돌려주는 조건으로 기원전 421년 '니키아스 평화조약'을 맺고 휴전했어요.

휴전 기간은 6년 동안 지속되었는데 기원전 415년 아테네가 시칠리아를 공격하면서 결국 깨지고 말았어요. 아테네의 알키비아데스 장군은 대규모의 전함을 이끌고 시칠리아 원정에 나섰지만 아테네 본국의 반대 세력에 의해 허무하게 끝을 맺고 말았어요. 반대 세력은 그를 본국으로 소환했고, 이에 알키비

▲ <페리클레스의 장례 연설>, 독일의 화가 필리프 폰 폴츠의 그림(1852년 작품)

아데스는 스파르타로 망명했어요. 알키비아데스는 스파르타에 아테네의 모든 작전을 알려주었고, 스파르타는 그의 도움으로 아테네 함대를 거의 전멸시켰어요.

스파르타에게 일격을 당한 아테네가 해군을 재건하려는 움직임을 보이자 스파르타는 페르시아에 도움을 요청했어요. 페르시아는 소아시아 지역의 식민 도시를 넘겨받는 조건으로 전쟁에 참가했어요. 페르시아의 도움을 받은 스파르타 해군은 여러 전투에서 아테네 해군을 격파했고, 기원전 404년 아테네는 스파르타에게 항복하고 말았어요. 27년 동안 지속되었던 펠로폰네소스 전쟁은 결국 스파르타의 승리로 막을 내렸지요.

펠로폰네소스 전쟁에서 승리한 스파르타는 그리스에서 가장 강력한 국가가 되었어요. 하지만 그 영광도 그리 오래가지 못했어요. 스파르타의 지배에 불만을 품은 테베, 코린토스 등의 도시 국가들이 아테네를 앞세워서 '코린토스 전쟁(기원전 395년~기원전 386년)'을 일으켰기 때문이에요. 이 전쟁에서 스파르타는 패했고, 결국 그리스의 지배권은 테베에 돌아가게 되었어요.

한편 코린토스 전쟁에서 승리한 아테네는 여러 도시 국가들과 동맹을 맺으면서 다시 부활하는 듯했지만 이들 동맹 국가들과 다시 전쟁을 하면서 쇠퇴하고 말았어요. 이 무렵 그리스 북쪽 지역에서는 마케도니아가 등장하여 기원전 338년부터 그리스의 도시 국가들을 공격했어요. 이에 아테네와 테베를 비롯한 여러 도시 국가들이 연합하여 마케도니아에 대항했지만 결국 패배하고 말았어요. 마케도니아에 패배한 그리스의 도시 국가들은 자치와 독립은 인정받았지만, 그리스의 지배권을 놓고 다퉜던 아테네와 스파르타의 펠로폰네소스 전쟁은 결국 그리스 도시 국가들의 분열과 쇠퇴의 원인이 되고 말았어요.

# 2.

## 갈릴레이는 지동설을
## 과학적 사실로 주장하였는가?

① 소송 시기: 1633년 4월

② 소송을 제기한 사람: 교황 우르바노 8세

③ 소송을 당한 사람: 갈릴레오 갈릴레이

④ 판결 시기: 1633년 6월(로마의 종교 재판소)

⑤ 판결: 갈릴레이는 지동설을 옹호하지 말라는 교황의 지시를 어겼기 때문에 유죄이며, 무기징역을 선고했다.(이후 종신 가택 연금으로 감형)

©Anamaria Mejia/Shutterstock.com

◀ 이탈리아 플로렌스의 우피치 미술관 뜰에 있는 갈릴레오 갈릴레이의 조각상.
갈릴레이는 실용적인 망원경을 처음 제작했는데 이 망원경의 발명으로 지구가 태양 주위를 돈다는 지동설이 과학적으로 증명되었다.

## 소송 내용과 판결

"그래도 지구는 돈다."

누구나 한 번쯤은 들어 본 말일 거예요. 누가, 어떤 상황에서 한 말이라는 것도 대부분 알고 있을 테고요. 이 말은 갈릴레오 갈릴레이가 재판정을 나오면서 한 말이라고 많이 알려져 있어요. 사실 이 말을 갈릴레이가 재판정을 나오면서 했다는 기록은 없어요. 다만 정황상 그런 말을 하지 않았을까 추측할 뿐이에요.

갈릴레이는 망원경을 제작하여 지구가 태양 주위를 돈다는 지동설(46쪽 '더 알아보기' 참조)을 과학적으로 증명한 사람이에요. 망원경을 처음으로 제작한 사람이 갈릴레이는 아니에요. 망원경은 1608년 네덜란드의 안경 제작자 한스 리퍼세이가 처음 만들었어요. 이때 리퍼세이가 만든 망원경은 배율이 3~4배 정도밖에 안 되는 거의 장난감 수준의 망원경이었어요. 갈릴레이는 리퍼세이가 망원경을 만들었다는 정보를 입수해서 이를 참고로 배율이 10배 이상인 망원경을 만들었고, 이후 배율이 30배나 되는 고성능의 망원경을 만드는 데 성공했어요. 따라서 실용적인 망원경을 처음 제작한 사람은 갈릴레이라고 볼 수 있지요.

망원경의 발명은 역사적으로 큰 의미가 있어요. 바로 이 망원경의 발명으로 지구가 태양 주위를 돈다는 지동설이 과학적으로 증명되었기 때문이에요. 고대부터 유럽인들은 태양이 지구 주위를 돈다는 천동설(46쪽 '더 알아보기' 참조)을 굳게 믿고 있었어요. 천동설은 고대 그리스 철학자 아리스토텔레스와 프톨레마이오스가 주장했는데, 지구가 우주의 중심이며 모든 별은 지구를 중심으로 회전한다는 이론이에요.

천동설은 오랫동안 유럽 사회의 정신세계를 지배한 기독교적 세계관과 맞아떨어지면서 근 1,500년이 넘는 시간 동안 확실한 이론으로 자리 잡고 있었어요. 기독교에서는 전지전능한 신이 우주 만물을 창조했으며, 신을 믿고 따르는 사람들이 살고 있는 지구가 바로 우주의 중심이라고 가르쳤어요. 그런데 16세기에 접어들면서 폴란드의 가톨릭 사제이자 수학자였던 코페르니쿠스가 천동설을 부정하고, 지구가 태양의 주위를 돈다는 지동설을 처음으로 주장했어요. 코페르니쿠스의 지동설은 당시로서는 매우 혁명적인 이론이었어요. 왜냐하면 지동설은 하나의 과학 이론을 넘어 기독교적 세계관을 부정하는 이론이 될 수도 있었기 때문이에요.

만약 지동설이 사실이라면 지구는 우주의 중심도 아니고, 단지 우주를 떠도는 하나의 별에 불과한 존재가 되는 거예요. 따라서 지구를 창조한 신도 그리 대단한 존재가 아닐 수 있으며, 더 나아가서는 다른 별을 창조한 또 다른 신의 존재도 생각할 수도 있으니 기독교 입장에서 지동설은 절대로 받아들일 수 없는 이론이 될 수밖에 없었어요.

코페르니쿠스도 자신의 이론이 엄청난 파장을 몰고 올 것이라고 예견하고 있었어요. 그래서 그는 자신의 이론을 정리한 《천체의 회전에 관하여》라는 책을 살아생전에 발표하지 않고 자신이 죽으면 인쇄소에 도착하도록 조치해 두었어요. 코페르니쿠스는 1514년에 책을 완성했지만 이 책이 출간된 때는 그가 사망하고 난 뒤인 1543년이었어요. 그런데 코페르니쿠스의 우려와 달리 이 책의 파장은 거의 없었어요. 코페르니쿠스는 이 책에서 태양을 중심으로 지구를 포함한 행성들이 배열되어 있고, 각 행성은 일정한 속도로 태양 주위의 원 궤도를 돌고 있다는 가설을 수학적으로 제시했지만 이를 뒷받침할 만한 자료를 제시하지는 못했기 때문이에요.

코페르니쿠스의 지동설은 우주를 설명하는 하나의 가설로 인정받았고, 가톨릭교회는 이 가설을 이용해 1586년 새롭게 달력도 만들었어요. 그런데 시간이 지남에 따라 지동설을 믿는 사람들이 늘어나면서 교황청은 지동설이 기독교 교리에 어긋난다는 이유로 탄압하기 시작했고, 1616년에는 금서로 지정했어요.

코페르니쿠스 이후 지동설을 주장하다가 종교 재판에 회부되어 사형에 처해진 사람도 있었어요. 이탈리아의 가톨릭 사제였던 브루노는 코페르니쿠스가 쓴 책을 읽고, 그 이론이 옳다고 생각하여 널리 알렸어요. 하지만 그의 동료들은 브루노가 기독교 교리를 부정하고 있다고 판단하여 교황청에 고발했어요. 교황청은 브루노에게 지동설을 철회할 것을 강요했지만 그는 끝까지 자신의 주장을 굽히지 않았고, 결국 1600년 화형에 처해졌어요.

코페르니쿠스 이후 지동설이 과학적 사실로 확실하게 자리매김할 수 있게 만든 사람은 갈릴레이였어요. 갈릴레이는 고배율의 망원경으로 기존에 관측할 수 없었던 태양의 흑점과 여러 위성들을 발견하였고, 수많은 별들도 발견할 수 있었어요. 갈릴레이의 발견으로 지구가 우주의 중심이라는 생각은 흔들리기 시작했어요.

그동안 자신이 발견한 사실을 토대로 연구한 끝에 천동설보다는 지동설이 옳다는 결론을 내린 갈릴레이는 곧바로 자신이 연구한 내용을 발표했고, 1613년에는 공개적으로 지동설을 주장했어요. 갈릴레이는 실제로 관측한 자료가 있었기 때문에 교회 또한 지동설을 인정해 줄 것이라고 생각했어요. 하지만 가톨릭교회는 갈릴레이가 코페르니쿠스의 지동설을 옹호하는 것에 대해 우려를 표명했어요. 왜냐하면 갈릴레이가 지동설을 옹호하면서 "성서와 과학적 사실은 서로 융화될 수 있지만 이를 위해서는 성서를 쓰인 그대로가 아닌 비유적으로 해석해야 한다"고 주장하여 당시로서는 성서의 권위를 부정하는 듯한 느낌을 주었기 때문이에요.

갈릴레이가 공개적으로 지동설을 주장한 이후 종교계는 갈릴레이의 주장을 검토해야 한다고 교황청에 청원했고, 평소 갈릴레이와 사이가 좋지 않았던 과학계의 반대파들도 적극적으로 교회의 검토가 필요하다고 주장했어요. 많은 사람들의 청원이 올라오자 교황청은 1616년 위원회를 소집하여 갈릴레이의 주장을 검토하도록 시켰고, 위원회는 갈릴레이의 주장이 이단으로 간주될 수 있다는 결론을 내렸어요. 위원회는 벨라르미노 추기경이 주도했는데, 그는 1600년에 브루노를 심판했던 사람이었어요.

위원회는 "태양이 우주의 중심이고 지구가 그 주위를 움직인다는 이론을 가르치거나 변호하는 것을 금지하며, 이후 이러한 이론을 가르치거나 지지하는 것을 완전히 금지한다"고 판결했어요. 그리고 코페르니쿠스의 저서《천체의 회전에 관하여》도 금서로 지정했어요.

위원회의 보고를 받은 교황 바오로 5세는 벨라르미노 추기경에게 갈릴레이가 지동설을 포기하도록 지시했어요. 추기경은 갈릴레이를 만나서 지동설이 옳다는 주장을 철회하고, 오직 수학적 가설로만 받아들이라는 교황의 지시 사항을 전달했어요. 추기경은 또 이 지시를 어길 경우 종교 재판에 회부되어 감옥에 갇힐 것이라고 경고했어요. 갈릴레이는 결국 교황의 지시 사항에 동의한다는 진술서를 써 주었어요. 하지만 마음속으로는 계속 지동설이 옳다고 믿었어요. 그는 망원경을 이용하여 계속해서 우주를 관찰했고, 관찰하면 할수록 지동설이 옳다는 생각은 굳어졌어요.

1623년 교황 바오로 5세가 선종하고, 교황 우르바노 8세가 즉위했어요. 교황 우르바노 8세는 추기경 시절 갈릴레이와 친분이 있었고, 갈릴레이는 이런 친분을 이용하여 지동설에 대한 금지를 풀어 달라고 청원했어요. 평소 과학 연구에 관심이 많았던 교황 우르바노 8세는 갈릴레이의 청원에 지금 당장 금지를 풀어 줄 수는 없지만 지구가 우주의 중심이라는 교회의 견해를 어기지 않고, 지동설을 하나의 수학적 가설로만 다루는 책은 출판해도 좋다고 말했어요.

교황의 허락을 받은 갈릴레이는 어떤 방식으로 지동설에 관한 책을 출간할지 곰곰이 생각했어요. 고심 끝에 갈릴레이는 대화 방식으로 지동설에 관해 설명하는 책을 출간하기로 결정했어요. 갈릴레이는 장장 5년간에 걸쳐 세 사람이 대화하는 형식의 책《두 우주 체계에 관한 대화》를 완성했고, 교회의 검열을 거쳐 1632년 출간했어요.

이 책은 제목 그대로 세 사람이 나흘간 대화를 나누는 내용으로 구성되어 있어요. 아리스토텔레스와 프톨레마이오스의 이론을 옹호하는 철학자 심플리치오, 코페르니쿠스의 이론을 지지하는 과학자 살비아티, 그리고 사회자 역할을 맡으면서 중립적인 위치에 있는 사그레도가 대화를 나누는 세 사람이에요.

이 책은 살비아티가 관측 자료와 수학적 계산을 근거로 천동설을 공격하고, 나중에는 중립적인 위치에 있던 사그레도도 지동설을 지지하게 되어 결국 지동설의 완벽한 승리로 끝난다는 것이 중심 내용이에요. 그런데 이 책은 갈릴레이에게 엄청난 재앙이 되고 말았어요. 왜냐하면 이 책은 누가 봐도 지동설이 유일한 진리라고 주장하는 책이 되고 말았기 때문이에요. 더구나 이 책에 등장하는 심플리치오가 교황을 모델로 했다는 소문이 퍼지면서 갈릴레이는 사면초가에 빠지고 말았어요.

이런 소문을 알게 된 교황은 심한 모욕감과 함께 갈릴레이에게 배신감까지 느꼈어요. 교황은 곧바로 갈릴레이가 출간한 책의 배포를 금지시켰지만 이미 전부 배포된 뒤였어요. 교황은 갈릴레이를 로마로 압송해서 종교 재판에 회부하도록 명령했어요.

1616년 갈릴레이는 진술서를 위반한 혐의, 즉 교황의 지시를 어겼다는 이유로 종교 재판에 회부되었어요. 당시 70세의 고령으로 병상에 누워 있었던 갈릴레이는 종교 재판에 참석하기 위해 1633년 2월 로마에 도착했어요. 종교 재판소에서 열린 첫 신문은 1633년 4월 12일에 있었어요.

재판소는 첫 신문에서 갈릴레이가 지동설을 옹호하지 말라는 교황의 지시를 어겼다고 결론짓고 곧바로 감옥에 가두었어요. 이후 몇 차례 더 신문이 열렸지만 일방적으로 갈릴레이의 죄는 인정되었고, 결국 갈릴레이는 자신의 주장을 철회할 수밖에 없었어요. 갈릴레이는 마지막 신문에서 천동설이 옳다고 말할 수밖에 없었어요.

1633년 6월 갈릴레이에 대해 유무죄를 선고하는 재판이 열렸어요. 흰색 참

회복을 입은 갈릴레이는 재판관들 앞에 무릎을 꿇은 채 선고를 들었어요. 재판관들은 갈릴레이가 1616년 지동설을 옹호하지 말라는 교황의 지시와 교황 우르바노 8세의 지시를 어긴 데 대해 유죄를 선고했어요. 이어서 재판관들은 갈릴레이에게 무기징역을 선고했어요. 하지만 신문 과정에서 갈릴레이가 지동설을 철회한다고 했기 때문에 재판관들은 다시 한 번 갈릴레이에게 기회를 주었어요. 재판관들은 갈릴레이가 지동설을 철회하고, 앞으로 교회의 가르침에 반대되는 그 어떤 주장도 말이나 글로 발표하지 않을 것을 맹세한다면 석방하여 가택 연금에 처한다고 말했어요.

갈릴레이는 재판관들이 명하는 대로 참회 맹세를 했어요. 이후 대주교의 저택에 잠시 머물렀다가 나중에는 고향 집으로 돌아갔어요. 하지만 집 밖으로 나가는 것은 금지되었어요. 갈릴레이가 참회 맹세를 하고 재판소를 나오면서 "그래도 지구는 돈다"고 말했다는 이야기가 널리 알려져 있는데, 이것이 사실인지는 확인할 수가 없어요.

갈릴레이는 집으로 돌아온 뒤 한쪽 눈을 실명하는 등 시련을 겪었지만 연구를 계속하여 1638년에는 물리학의 법칙을 논하는 《두 개의 신과학에 관한 수학적 논증과 증명》이라는 책을 출간했어요. 이 책 역시 세 사람이 대화하는 형식을 취하고 있는데, 교황청이 갈릴레이에게 출판 금지를 명령했기 때문에 갈릴레이는 이 원고를 네덜란드로 가져가서 1638년에 출간할 수 있었어요.

이후에도 갈릴레이는 많은 연구와 관찰을 하려고 애썼지만 건강이 허락하지 않아 1642년 1월 세상을 떠나고 말았어요.

# 이의(반대 의견) 있어요!

갈릴레이에 대한 재판은 일반적인 재판과는 좀 다르게 진행되었어요. 보통의 재판이라면 원고 측과 피고 측이 각각 유리한 증거 자료를 제시하며 치열하게 논쟁하겠지만 갈릴레이 재판은 종교 재판이었기 때문에 매우 일방적으로 진행되었어요. 어떻게 보면 재판이라기보다는 교회의 명령에 복종할 것인지, 말 것인지를 묻는 자리라고 볼 수 있었어요.

대부분 종교 재판에 회부된 피고인은 교회의 명령에 복종하지 않을 수 없었어요. 만약 교회의 명령에 복종하지 않으면 그 결과는 죽음밖에 없었기 때문이에요. 앞에서 이야기한 브루노가 바로 그런 경우에 해당되지요.

1633년 4월 12일 종교 재판소에서 갈릴레이에 대한 첫 신문이 있었어요. 1차 신문에서 재판관은 갈릴레이에게 누구의 허락을 받고 책을 출간했는지 물었어요. 갈릴레이는 벨라르미노 추기경이 지동설을 수학적 가설로는 사용해도 좋다는 말씀을 하셨고, 책을 출간하기 전 교회 검열관의 검토를 거쳤다고 대답했어요. 이어서 갈릴레이는 자신의 책《두 우주 체계에 관한 대화》에서 코페르니쿠스의 지동설은 하나의 가설로 소개했을 뿐이라고 말했어요.

갈릴레이 재판의 핵심은 갈릴레이가 교황의 지시를 어겼는지, 어기지 않았는지에 대한 판단이었어요. 1616년 교황 바오로 5세는 갈릴레이에게 지동설이 과학적 진리라는 주장을 철회하고 오직 수학적 가설로만 받아들이라고 명령했고, 갈릴레이는 그 말에 동의했어요. 또 교황 우르바노 8세는 갈릴레이에게 교회의 견해를 어기지 않고 지동설을 수학적 가설로만 다룬다는 조건으로 출판을 허용했어요. 두 교황의 공통된 지시 사항은 지동설을 수학적 가설로만 사용하라는 것이었어요.

그렇다면 갈릴레이는 《두 우주 체계에 관한 대화》에서 지동설을 하나의 수학적 가설로만 사용했는지, 아니면 하나의 과학적 사실로 주장했는지를 판단하는 것이 재판의 핵심이었다고 볼 수 있어요. 종교 재판소에서 있었던 1차 신문에서 갈릴레이는 충분히 해명을 했지만 그럼에도 불구하고 재판관은 그가 교황의 지시를 어겼다고 결론지었어요.

사실 종교 재판소의 성격상 갈릴레이의 해명이 충분히 설득력 있고 합리적이었다고 하더라도 유죄를 선고받을 확률이 높았어요. 앞에서 이야기했지만 종교 재판소는 해명하는 자리가 아니라 교회의 명령에 복종할지, 말지를 선택하는 자리였기 때문이에요. 교회의 명령에 복종한다면 살아남는 것이고, 그렇지 않으면 죽임을 당할 수밖에 없었지요.

그렇다면 갈릴레이는 정말 교황의 지시를 어겼을까요? 갈릴레이는 자신이 관측한 사실과 연구를 바탕으로 코페르니쿠스의 지동설이 과학적 진리라고 판단했어요. 하지만 그는 교황과 약속을 했기 때문에 지동설이 옳다는 것을 입 밖으로 이야기하지 못했어요.

교황과의 약속이 중요하긴 했지만 한편으로 갈릴레이에게는 과학자로서의 양심과 소명도 있었을 거예요. 어떻게든 자신이 발견한 과학적 사실을 모든 사람들에게 알리고 싶은 간절함도 있지 않았을까요?

갈릴레이는 교황의 지시를 어기지 않으면서 사람들에게 자신이 발견한 과학적 사실을 알리고 싶었을 거예요. 그가 생각해낸 세 사람이 대화하는 형식은 일종의 가상 대담이라고 볼 수 있어요. 오늘날과 비교하면 소설 형식이라고 볼 수 있지요.

《두 우주 체계에 관한 대화》는 과학책도 아니고, 논문도 아니에요. 그것은 세 사람이 우주의 신비에 대해 재미있게 논쟁하는 책이에요. 논쟁을 하다 보면 누구의 이야기가 더 신빙성 있게 느껴지기도 하고, 허구라고 느낄 수도 있어요. 하지만 그것은 어디까지나 그 책 속에서의 이야기예요.

사람들은 갈릴레이의 책을 읽으면서 내용상으로는 살비아티의 이야기에 더 끌리겠지만 그것은 어디까지나 책 속의 이야기 중 하나였고, 하나의 가설이었어요. 갈릴레이가 살비아티의 이론을 더 합리적이라고 주장한 것 또한 그 가설에 더 끌렸기 때문이에요.

만약 누군가 지동설보다는 천동설이 옳다고 생각한다면 그도 갈릴레이와 같은 방식으로 책을 쓸 수 있을 거예요. 이 사람이 펴낸 책에서는 당연히 심플리치오가 살비아티를 궁지로 몰아넣는 내용이 되겠지요.

아무튼 《두 우주 체계에 관한 대화》는 과학적 사실을 이야기한 과학책이 아니라 이야기책이기 때문에 책 속에 나오는 이론은 과학 이론이 아니라 가설일 수밖에 없어요. 갈릴레이는 지동설이라는 가설에 조금 더 관심을 보인 것뿐이고요. 엄밀하게 말하면 갈릴레이는 지동설을 수학적 가설로 받아들였고, 거기에서 조금 더 나아가 지동설에 조금 더 관심을 보였을 뿐이에요. 이런 관점에서 보면 분명 갈릴레이는 교황의 지시를 어기지 않았어요.

교황은 갈릴레이에게 지동설을 수학적 가설로만 받아들이라고 명령했지, 그 가설에 관심을 두지 말라고는 명령하지 않았어요. 인간이라면 누구나 자신이 발견한 가설에 더 관심이 갈 수밖에 없을 거예요. 갈릴레이도 마찬가지였고요.

종교 재판소의 재판관들은 갈릴레이가 펴낸 책을 사실을 이야기한 과학책으로 판단했고, 그래서 갈릴레이의 주장을 교회에 대한 도전이라고 생각했어요. 그런 까닭에 재판관들은 갈릴레이의 해명은 무시하고 갈릴레이가 교황의 지시를 어겼다고 결론짓고 그에 대한 보고서를 교황에게 제출했어요. 보고서를 읽은 교황은 분노했지요.

한편 종교 재판소의 소장은 갈릴레이에게 교황의 진노가 대단하고, 죄를 시인하지 않으면 엄청난 고통이 있을 것이라고 은밀히 알려주었어요. 갈릴레이는 1차 신문에서 충분히 해명했음에도 불구하고 자신에게 유죄 결론이 나오자 어느 정도 상황을 짐작했어요. 그래서 재판 소장의 충고를 따르기로 결심했어요.

4월 30일 2차 신문에서 갈릴레이는 코페르니쿠스의 지동설을 지지하지 않는다고 말했고, 5월 10일 3차 신문에서는 형량을 낮춰 달라고 요청했어요. 6월 21일 마지막 4차 신문에서는 프톨레마이오스의 천동설이 옳다고 말했어요.

1633년 6월 22일 종교 재판소는 갈릴레이가 교황의 지시를 어긴 데 대해 유죄로 판결했고, 무기징역을 선고했어요. 하지만 갈릴레이가 자신의 주장을 철회하고 참회 맹세를 한 점을 고려하여 가택 연금으로 형량을 낮추었어요.

결론을 말하자면 갈릴레이는 교황의 지시를 어기지 않았지만 교회의 일방적인 재판으로 유죄를 선고받았다고 볼 수 있어요.

# 소송을 바라보는 눈

갈릴레이 재판은 교회의 일방적인 승리로 끝났지만 결과적으로 승리한 사람은 갈릴레이라고 볼 수 있어요. 왜냐하면 갈릴레이로 인해 지동설이 과학적 사실로 자리 잡을 수 있었기 때문이에요. 물론 갈릴레이 이전에도 지동설을 주장한 사람은 있었지만 그것은 어디까지나 증명할 수 없는 하나의 가설에 불과했어요. 하지만 갈릴레이는 정확한 관측 자료를 바탕으로 지동설이 가설이 아니라 과학적 사실임을 증명했지요.

그런 까닭에 갈릴레이 재판은 역사적으로도 매우 중요한 의미를 지닌 사건이었다고 볼 수 있어요. 물론 재판은 불공정하게 일방적으로 끝났지만 갈릴레이 재판은 천동설이 더 이상 과학적 사실이 아님을 세상에 알린 결정타였고, 동시에 지동설이 새로운 과학적 사실임을 밝히는 계기가 되었기 때문이에요. 그런데 갈릴레이 재판에서 우리가 한 가지 생각해 볼 사항이 있어요. 왜 갈릴레이는 그렇게 쉽게 자신의 주장을 포기했을까요? 목숨이 아까워서였을까요? 그렇게 생각할 수도 있어요. 갈릴레이도 자신이 종교 재판에 회부되었을 때에는 이미 그런 생각을 했을 거예요. 지동설을 철회하지 않으면 교회는 자신을 죽일 것이라고 말이에요.

역사적으로 우리는 옳다고 믿는 바를 위해 기꺼이 자신의 목숨을 버리는 사람들을 많이 보아 왔어요. 이들은 자신의 신념을 끝까지 지킨 용감한 사람들이었어요. 앞에서 이야기한 브루노 같은 사람도 여기에 해당되겠지요.

그렇다면 갈릴레이는 목숨이 아까워서, 용감하지 않아서 자신의 주장을 쉽게 포기했을까요? 우리가 갈릴레이가 아니기 때문에 무엇이라고 쉽게 단정 지을 수는 없지만 아마도 용기가 없어서 자신의 주장을 포기하지는 않았을 거예요. 왜냐하면 갈릴레이가 참회 맹세를 하면서 두 가지 사항에 대해서는 절대로 인정할 수 없다는 조건을 걸었기 때문이에요. 목숨을 잃을 수도 있는 상황에서 이런 조건을 단다는 것은 용기가 없으면 할 수 없는 행동이지요.

갈릴레이는 두 가지 사항, 즉 자신이 착한 가톨릭 신자가 아니라는 점과《두 우주 체계에 관한 대화》가 교황을 기만했다는 것에 대해서는 인정할 수 없다는 조건을 걸었다고 해요. 갈릴레이는 왜 이런 조건을 걸었을까요? 추측하자면 갈릴레이는 매우 독실한 가톨릭 신자였기 때문에 어떤 일이 있어도 교회와 하느님께 죄가 되는 행동은 하고 싶지 않았을 것이고, 결국 죄인으로 죽고 싶지도 않았을 거예요. 갈릴레이가 너무나 쉽게 자신의 주장을 포기한 것은 용기가 없어서가 아니라 교회에 저항하여 죄인이 되고 싶지는 않았기 때문이라고 생각해 볼 수 있어요.

일부에서는 갈릴레이에게 조금의 여유와 융통성, 정치 감각이 있었다면 근대 과학사는 크게 바뀌었을지도 모른다고 이야기하기도 해요. 갈릴레이가 망원경을 제작하여 행성의 움직임을 알아내고, 그 결과 지동설이 과학적 사실임을 증명한 것은 매우 혁명적인 사건이었어요. 이 혁명적인 사건의 일등공신은 망원경이었고요.

여기서 우리가 한 가지 생각해 볼 점이 있어요. 과학을 잘 모르는 일반 사람들이 망원경으로 행성의 움직임을 보았다고 해도 지동설이 옳다고 인식하기에는 상당한 어려움이 있어요. 천문학을 잘 아는 과학자들이라야 쉽게 이해할 수 있는 내용이라는 거지요. 마찬가지로 당시 가톨릭교회의 많은 성직자들도 과학자는 아니었기 때문에 갈릴레이의 이론에 대해 잘 모르거나 이해가 안 되는 부분이 있었을 거예요. 이런 사람들에게 지동설이 확실한 과학적 사실임을 이해시키기 위해서는 우선 상당한 노력과 시간이 필요해요. 그런데 갈릴레이는 매우 성급했다고 볼 수 있어요.

그는 자신이 발견한 이론을 하루라도 빨리 세상에 알리고 싶어 했어요. 만약 갈릴레이가 조금만 시간을 두고 지동설에 대해 이해시켰다면 종교 재판에 회부되어 자신의 이론을 철회하도록 명령받지는 않았을 거라는 이야기예요.

당시 가톨릭교회가 갈릴레이에게 지동설을 하나의 가설로만 받아들이라고 명령한 것은 충분히 일리가 있는 조치였어요. 확실하지도 않은 이론을 과학적 사실로 인정하기는 어려웠을 테니까요.

또 한 가지 갈릴레이가 실수한 것은 자신에게 도움을 줄 수 있는 '예수회' 신부들을 비판한 일이었어요. 예수회는 가톨릭 내에서 새로운 과학적 이론을 적극적으로 받아들이기로 유명한 단체였어요. 갈릴레이는 과거 이 단체 신부들이 내놓은 이론을 매우 신랄하게 비판한 적이 있었어요.

만약 갈릴레이가 조금만 융통성이 있었다면, 또 조금의 정치 감각을 발휘하여 예수회 소속 신부들을 자신의 편으로 만들었다면 지동설을 알리는 데 큰 도움이 되지 않았을까요? 게다가 1616년 갈릴레이에게 경고를 내린 벨라르미노 추기경과 1633년 종교 재판 때《두 우주 체계에 관한 대화》의 검토를 주도한 신부가 모두 예수회 소속 신부였다는 점을 생각하면 더욱 아쉬운 부분이지요.

아무튼 갈릴레이는 교회의 죄인이 되지 않기 위해 재판에서 자신의 주장을 포기했지만 그가 증명해 낸 지동설은 오늘날 확고한 과학적 사실로 과학사에 기록되어 있어요. 세월이 한참 흐른 뒤에 교황청은 지동설을 인정했고, 1835년에는 코페르니쿠스의《천체의 회전에 관하여》와 갈릴레이의《두 우주 체계에 관한 대화》를 금서 목록에서 해제했어요. 또 1992년 코페르니쿠스와 같은 폴란드 출신 교황 요한 바오로 2세는 과거 가톨릭교회가 갈릴레이에게 유죄를 내린 것에 대해 사과하고, 공식적으로 사면했어요.

# 천동설과 지동설

천동설은 지구가 우주의 중심이고, 모든 천체가 지구 주위를 돈다는 이론이에요. 지구가 우주의 중심이라는 점 때문에 '지구 중심설'이라고도 불러요. 천동설은 고대 그리스의 에우독소스와 아리스토텔레스가 처음 주장했고, 2세기경 프톨레마이오스가 체계적으로 완성했어요.

천동설은 에우독소스와 아리스토텔레스 외에도 여러 학자들이 주장했지만 그들은 모두 확실한 근거를 제시하지 못했어요. 여러 학자들의 학설에서 조금 더 확실한 자료들을 모아 체계화한 사람이 바로 프톨레마이오스예요. 그런 까닭에 천동설이라고 하면 프톨레마이오스를 가장 대표적인 학자로 인정하고 있어요.

프톨레마이오스가 체계화한 천동설의 핵심 내용은 우주의 중심에 지구가 있고, 태양을 비롯한 여러 행성들이 하루에 걸쳐 지구 주위를 공전하고 있다는 이야기예요. 여기에 덧붙여서 태양이나 다른 행성들의 공전 속도는 각기 다르기 때문에 시기에 따라 보이는 행성도 다르다는 거예요. 또한 행성은 전지전능한 신에 의해 움직이는 것이고, 모든 변화는 지구와 달 사이에서만 일어나고, 멀리 있는 천체는 변화가 없다고 생각했어요.

천동설은 하나의 우주관이지만 여기에는 당시의 철학이나 사상도 담겨 있었어요. 천동설 안에는 전지전능한 신이 지구를 우주의 중심에 두고, 지구에 있는 모든 것을 창조했다는 세계관이 녹아 있었던 거예요. 이런 기독교적 세계관이 포함되어 있었기 때문에 천동설은 고대부터 오랫동안 확고한 우주관으로 자리 잡을 수 있었어요.

천동설은 기독교의 보호 아래 16세기까지 널리 인정되었으나, 1543년 코페르니쿠스가 지동설을 주장하고 난 뒤부터 잘못된 이론임이 밝혀졌고 지금은 지동설이 확실한 우주관으로 자리 잡았어요.

지동설은 태양이 우주의 중심이고, 지구는 태양의 주위를 도는 천체 중 하나라는 이론이에요. 태양이 우주의 중심이라는 점 때문에 '태양 중심설'이라고

▲ <갈릴레이와 밀턴>, 화가 안나발레 가티의 그림(1893년 작품)

도 불러요.

지동설을 처음 주장한 사람은 고대 그리스의 아리스타르코스로 알려져 있어요. 그는 기원전 3세기경 지구가 정지해 있는 태양을 중심으로 회전하고 있다고 추측했어요. 아리스타르코스는 지구와 달 사이, 지구와 태양 사이의 비, 지구 둘레, 태양과 달의 지름과 부피의 비 등 여러 가지 연구 자료를 바탕으로 지구가 태양의 주위를 돌고 있다고 결론지었어요. 그는 또 태양이 지구보다 훨씬 더 큰 천체라고 생각했는데, 이런 생각을 바탕으로 작은 지구가 거대한 태양 주위를 도는 것이 더 이치에 맞는다고 판단했어요. 아리스타르코스의 이런 생각은 16세기에 와서야 과학적으로 증명될 수 있었는데, 기원전 3세기에 이런 생각을 했다는 것은 매우 놀라운 일이라고 볼 수 있지요.

아리스타르코스는 당시 세계적으로 천동설이라는 확고한 우주관이 지배하고 있었기 때문에 천동설의 문제점을 제기하기가 어려웠을 거예요. 천동설

▲ 2016년 뮌헨에 있는 국립 독일 박물관에서 열린 갈릴레오 갈릴레이 전시회의 모습

©Pero Mihajlovic/Shutterstock.com

의 문제점을 지적하고, 태양이 우주의 중심이라는 지동설은 16세기에 와서야 코페르니쿠스에 의해 주장되었어요. 코페르니쿠스는 많은 연구와 노력으로 지동설이 옳다는 것을 확신했지만 교회의 저항을 우려하여 자신이 죽은 다음에 연구 결과물을 출판하도록 했어요.

코페르니쿠스 이후 지동설은 케플러에 의해 더욱 다듬어졌고, 망원경을 제작한 갈릴레이가 여러 가지 관측 자료들을 제시함으로써 과학적인 증명이 가능해졌어요. 갈릴레이는 망원경을 통하여 금성이 달처럼 차고 기울어지면서 태양 주위를 돌고, 목성에 있는 네 개의 위성 공전 주기까지 정확하게 계산했어요. 또 태양의 흑점을 발견하고, 그 흑점을 추적한 끝에 태양은 스스로의 축을 중심으로 약 한 달 주기로 돌고 있다는 것도 알 수 있었어요. 이런 일련의 관측 증거들을 통하여 갈릴레이는 지동설이 옳다는 결론을 내릴 수 있었던 거예요.

갈릴레이 이후 뉴턴, 브래들리, 베셀 등 여러 과학자들의 연구가 이어지면서 지동설은 확고한 우주관으로 자리 잡을 수 있었어요.

# 3.

# 종교적 신념이 먼저인가, 국민의 의무가 먼저인가?

① 소송 시기: 1943년

② 소송을 제기한 사람: 미국 시민권 신청자 제임스 기로워드

③ 소송을 당한 사람: 미국 정부

④ 판결 시기: 1946년(미국 연방대법원)

⑤ 판결: 무기를 드는 것만이 국방의 의무를 수행하는 것은 아니다.

▲ 미국은 이민자들에게 충성 서약을 통해 '법이 요구할 때에는 미국을 위하여 무기를 들 것'을 요구하고 있다.

# 소송 내용과 판결

현재 지구상에 존재하는 수많은 종교들은 거의 대부분 폭력을 싫어하고 평화를 추구한다는 공통점을 갖고 있어요. 사람들은 종교를 통하여 심신의 안정을 찾고, 평화롭고 행복한 생활을 영위할 수 있는 도움도 받고 있지요. 그래서 많은 나라들이 종교의 자유를 보장하고 있고, 어떤 경우에는 하나의 종교를 국교로 지정하여 국민 대부분의 생활에 영향을 미치고 있기도 해요.

이럴 경우 종교는 국가의 통치 행위에 상당한 도움을 주기도 하고, 국민을 하나로 통합하는 데에도 큰 역할을 하지요. 그런데 어떤 종교는 그렇지 못한 경우도 있어요. 종교가 추구하는 사랑과 평화를 그대로 해석하여 신도들에게 폭력과 관련된 그 어떤 것도 배격하라는 지침을 내리기도 해요. 대표적인 것이 총을 들지 못하게 하는 지침이에요.

우리나라의 경우 성인 남자는 그 누구라도 국방의 의무가 있으며, 국방의 의무 수행 중에는 총을 들어야 해요. 총을 든다고 하여 반드시 폭력이나 전쟁이 일어나는 것은 아니지만 이들 종교를 믿는 사람들은 총 그 자체를 배격하고 있는 상황이에요. 우리나라에도 이런 종교가 있고, 이 종교를 믿는 사람들도 있어요. 이 종교를 믿는 사람들은 종교적 신념에 따라 총을 들 수 없고, 그런 이유로 국방의 의무를 다할 수 없다는 입장이에요. 오랫동안 이 문제는 사회적으로 논란을 빚었는데, 최근에는 '양심적 병역 거부자의 대체 복무 제도'가 어느 정도 구체화되면서 해결점을 찾고 있어요.(61쪽 '더 알아보기' 참조)

이밖에도 특별한 종교적 신념이 있는 사람들은 다른 나라에 이민을 갈 때 갈등을 겪는 경우가 많아요. 예전이나 지금이나 특별한 이유가 있어서 자신의 나라를 떠나 다른 나라에 정착하여 살려는 사람들이 많이 있어요. 하지만 원한다고 해서 모두가 이민을 갈 수 있는 것은 아니에요. 이민을 신청하는 과정에서 자신이 가고자 하는 나라의 기본 준수 사항을 이행하겠다는 일종의 서약서를 써야 가능해요. 만약 이 서약서에 서명을 하지 않으면 그 사람은 이민을 갈 수 없어요. 이 서약서는 일종의 '충성 서약'이라고 하는데, 거의 대부분의 나라에서 이런 서약서를 요구하고 있어요.

세계 최강국이라고 하는 미국은 여전히 많은 사람들이 이민 가고 싶어 하는 나라 중 하나예요. 미국 또한 이민자들에게 충성 서약을 요구하고 있어요. 미국으로 이민 가려고 하는 사람들은 모두 이 서약서에 서명을 해야 미국 시민권을 얻을 수 있지요. 그런데 미국 시민권 신청자 중에서 이 서약서의 일부 내용을 문제 삼아 서명하기를 거부하는 사람들이 있었어요.

미국이 이민자들에게 요구하는 충성 서약의 내용은 다음과 같아요.

'나는 지금까지 속했던 국가와 단절하고 이 순간부터 미합중국의 헌법과 법률을 국내외의 적으로부터 수호하고, 이에 대한 진정한 믿음과 충성을 가지며, 법이 요구할 때에는 미합중국을 위하여 무기를 들 것이며, 법이 요구할 때에는 미국 군대에서의 비전투 임무를 기꺼이 수행할 것이며, 법이 요구할 때에는 민간 정부의 지시하에 국가적으로 중요한 임무를 수행하고, 그 어떤 주저함이나 회피할 의도 없이 자유로이 이러한 의무를 다하기로 이에 서약합니다. 신이여, 나를 도우소서."

1926년 헝가리 출신의 로자카 쉬머는 미국 시민권을 신청했는데, 충성 서약의 일부 내용을 문제 삼아 서약서에 서명하기를 거부했어요. 평화주의자였던 쉬머는 서약서의 내용 중 "미국을 위해 무기를 들겠다"는 구절을 문제 삼으며, 자신은 그 어떤 폭력 행위도 할 수 없는 신념이 있기 때문에 그 부분을 빼달라고 요구했어요. 하지만 미국 이민국은 쉬머의 요구를 거절하고 그녀에게 시민권을 주지 않았어요. 그러자 그녀는 미국 정부를 상대로 소송을 제기했어요. 1927년 연방대법원은 쉬머의 소송에 대해서 이민국의 결정이 타당하다고 판결했어요.

쉬머 이후에도 충성 서약의 내용을 문제 삼아 미국 정부를 상대로 소송을 제기한 사건은 두 번 더 있었지만 그때마다 연방대법원은 미국 정부의 손을 들어주었어요. 연방대법원은 개인적 신념보다는 국민의 의무가 더 우선한다고 판단한 거예요. 그런데 1943년 미국 시민권을 신청한 캐나다인 제임스 기로워드에 의해 이 문제는 새로운 전환을 맞았어요.

기로워드 또한 자신의 종교적 신념 때문에 서약서의 내용 중 미국을 위해 무기를 들겠다는 부분을 문제 삼았어요. 기로워드는 무기를 들 수는 없지만 비전투요원으로 임무를 수행하는 것은 가능하다는 내용을 추가했어요. 기로워드가 시민권을 신청한 1943년은 제2차 세계 대전 중이었고, 종교적 신념 때문에 총을 들

수 없었던 많은 사람들이 실제 비전투 요원으로 복무하고 있었어요. 하지만 미국 이민국은 기로워드의 시민권 신청을 거부했어요. 서약서의 내용을 문제 삼은 사람은 누구도 미국 시민이 될 수 없다는 종전의 입장이 확고했던 거지요.

시민권을 거부당한 기로워드는 곧바로 미국 정부를 상대로 소송을 제기했어요. 1심 소송을 심사한 매사추세츠 주 지방법원은 예상외로 기로워드의 손을 들어 주었어요. 법원은 연방 헌법이 보장한 종교의 자유를 누릴 권리가 있고, 종교에 의한 차별을 받지 않을 권리가 있다고 판단했어요.

미국 정부는 곧바로 항소했고, 2심 법원은 1심과 달리 과거 연방대법원의 판례를 예로 들어 미국 정부의 손을 들어주었어요. 그러자 기로워드는 연방대법원에 상소했어요. 1946년 연방대법원은 대법관 5 대 3의 의견으로 기로워드의 손을 들어주었어요.(대법관 1명은 기권) 과거 연방대법원이 시민권 신청자에 대해 내렸던 판결과는 반대되는 결정을 한 거예요. 대법원은 국가의 위기 상황에 무기를 드는 것은 국민이 반드시 행해야 할 의무지만 꼭 무기를 드는 것만이 국가를 방위하는 유일한 방법은 아니라고 판단했어요. 전쟁 중에는 최전방에서 총을 드는 사람도 있지만 그들을 위해 후방에서 지원하는 임무를 수행하는 사람도 있는데 그들 모두 국가를 위해 헌신하는 사람들이라고 본 거예요.

5명의 대법관은, 수정 헌법에 개인 사상의 자유를 명시한 것은 그것이 국가의 권위를 능가하는 도덕적인 권위를 갖기 때문이라고 판단했어요. 역사적으로도 국가의 권위 앞에 신에 대한 충성을 포기하기보다는 죽음을 선택한 사람들이 많았음을 예로 들었어요.

5명의 대법관이 주목한 것은 국가를 위해 헌신하는 방법이 반드시 한 가지만 있는 것은 아니라는 거였어요. 서약서에서는 오로지 한 가지만을 이야기하고 있지만 그 내용에 대해서는 융통성을 발휘해야 한다는 점을 처음으로 언급한 거예요. 이런 융통성은 서약서의 내용을 수정하지 않으면서도, 종교적 신념에 의해 서약서의 내용을 문제 삼은 사람들에게 매우 합리적인 결정이라고 볼 수 있어요. 물론 종교적 신념을 따르는 사람들에게도 약간의 융통성은 필요하겠지만 말이에요.

# 이의(반대 의견) 있어요!

1946년에 있었던 연방대법원의 미국 시민권 신청자 소송 판결은 과거 판결과는 전혀 다른 결정이 나왔기 때문에 많은 주목을 받았어요. 연방대법원은 1926년 쉬머 판결, 1931년 캐나다인 더글라스 매킨토시 판결과 캐나다인 블랜드 판결에서 모두 미국 정부의 손을 들어주었어요. 그런데 1946년에는 같은 내용의 소송에서 시민권 신청자의 손을 들어주었어요. 이 판결에 대해 연방대법원 9명의 대법관 중 1명은 기권했고, 3명은 미국 정부의 손을 들어주었어요. 3명의 대법관은 대법원 결정에 반대하는 주된 이유로 충성 서약을 제정한 의회의 의도를 들었어요.

그동안 의회는 충성 서약에서 일부 문제가 되었던 내용에 대해 여러 번 검토했고, 많은 토론을 거친 후에 정당하다는 결론을 내렸어요. 의회가 이러한 결론을 내린 배경은 물론 개인의 자유, 사상이나 종교적 신념도 중요하지만 국가의 이익, 국민의 의무가 더 중요하다고 판단했기 때문이에요. 3명의 대법관은, 충성 서약은 의회의 이런 노력으로 만들어진 결과이며, 이전 연방대법원의 판결 또한 모두 의회의 의도를 충분히 이해하고 존중한 판결이라는 점을 지적했어요. 3명

의 대법관은 의회가 심사숙고하여 만든 서약서를 법원이 다르게 해석하는 것은 의회를 무시하는 것이며, 법원의 기능이 아니라고 주장했어요.

사실 그 어떤 법률이나 서약서도 100% 완벽하고 완전무결한 것은 없어요. 모두에게 좋다고 본 결정도 그 결정으로 인해 한두 사람에게는 피해가 갈 수 있는 거예요. 그렇다고 해서 그 한두 사람을 위해 거의 대다수가 좋아하고 인정한 결정이나 법률을 바꿀 수는 없어요. 그 법률이 가장 합리적이고 효율적인 결정이었기 때문이지요. 만약 한두 사람을 구제하기 위해 예외 규정을 두게 되면 그 예외 규정은 계속 생길 수밖에 없고, 결국 가장 합리적이고 효율적이라고 판단한 결정은 아무 쓸모가 없게 될 수도 있어요.

미국 시민이 되려는 사람들이 미국 정부가 요구하는 최소한의 기준에 따라야 하는 것은 매우 당연한 일이에요. 그런 기준을 따르지도 않고 미국 시민이 되려는 것은 자신만의 이익을 위해서 살겠다는 이기적인 생각이에요.

연방대법원은 무기를 드는 것만이 국가를 위해 헌신하는 것은 아니라고 판단했어요. 대법원의 이 판단은 서약서의 내용을 매우 융통성 있게 해석한 것이라고 볼 수 있어요. 그렇다면 왜 미국 정부에만 융통성을 요구하고, 시민권 신청자에게는 융통성을 요구하지 않는 것일까요? 오히려 시민권 신청자가 무기를 드는 것에 대해 더 융통성 있게 해석해야 되지 않을까요? 우리가 무엇인가를 얻기 위해서는 먼저 어떤 것을 희생하고 포기해야 하는 것과 같은 논리라고 볼 수 있지요. 또한 모든 종교는 폭력을 싫어하고, 평화와 사랑을 실천하고 있어요. 많은 종교가 그런 신념을 실천하고 있지만 서약서 내용을 문제 삼지 않아요. 그것은 종교 스스로 국가를 위한 일에 자신들의 신념을 융통성 있게 해석하기 때문이지요.

많은 종교가 그런 행동을 하고 있는데 특별히 자신의 종교만이, 자신의 종교적 신념만이 중요하다고 생각하여 서약서의 내용을 문제 삼는 것은 그것 자체가 문제 있는 행동이지요. 만약 모든 종교가 그 신념 때문에 무기를 들 수 없다고 한다면 서약서의 내용은 수정되거나 융통성 있게 해석되어야 할 것이지만, 그렇지 않다면 종교적 신념 때문에 서약을 거부하는 것은 바람직한 행동이라고 볼 수 없어요.

## 소송을 바라보는 눈

1946년 연방대법원의 기로워드 소송 판결 이후 미국 시민권 신청자들이 서명해야 했던 충성 서약 내용은 어떻게 되었을까요? 충성 서약 내용 중에 문제가 되었던 내용은 수정되었을까요?

연방대법원은 기로워드의 손을 들어주었지만 충성 서약의 내용은 전혀 수정되지 않았어요. 충성 서약은 처음 만들어진 후 지금까지 한 번도 수정된 적이 없었어요. 어떻게 이런 일이 가능했을까요?

미국 정부는 충성 서약의 내용은 수정하지 않고, 연방대법원의 기로워드 판결 이후 단지 예외 조항만 만들어 두었어요. 하지만 그 예외 조항도 모든 경우에 적용하는 확실한 규정이 아니었어요. 사안마다 그때그때 판정하여 결정을 내리는 방법이었어요. 미국 정부는 시민권 신청자의 종교적 신념이 충성 서약의 내용과 충돌할 경우 이를 증명할 충분한 근거를 제시하면 예외적으로 해당 부분을 수정하여 서명할 수 있도록 했어요.

연방대법원은 충성 서약의 일부 내용에 문제가 있다고 판단했지만 미국 정부는 수정보다는 보완을 선택했고, 그 보완도 정부의 판단을 우위로 두었어요.

그러니까 미국 시민권 신청자가 충성 서약의 일부 내용을 문제 삼아 서명을 거부하면 여전히 시민권 자체가 거부당할 가능성이 존재해요.

실제 1990년대에 시민권 신청자 중 종교적 신념 때문에 무기를 들 수 없다고 한 사람이 그 신념을 충분히 증명하지 못해서 시민권 거부를 당한 적이 있었어요. 미국 정부가 충성 서약에 얼마나 민감하게 반응하는지 보여 주는 대목이지요.

어떻게 보면 시민권을 얻기 위해 종교적 신념을 버리느냐, 그렇지 않느냐는 그리 큰 문제가 아니라고 볼 수 있어요. 자신의 종교적 신념이 강하다면 시민권을 포기하면 될 것이고, 그렇지 않다면 종교적 신념을 포기하고 시민권을 얻으면 되니까요. 정말 중요한 문제는 자국의 국민이 종교적 신념을 이유로 무기를 들지 않겠다고 주장하는 경우예요. 서두에서 잠깐 이야기했지만 이 문제는 예전부터 많은 논란을 빚었고, 특히 국방의 의무가 있는 나라에서는 심각한 문제로 대두되었어요.

예를 하나 들어 볼게요. 어떤 나라가 이웃 나라와 전쟁을 하게 되었어요. 두 나라의 남자들은 국가 방위를 위해 군인으로 소집되었지요. 그런데 일부 남자들은 종교적 신념을 이유로 총을 들기를 거부했어요. 이럴 경우 어떻게 해야 될까요?

앞에서 이야기한 연방대법원의 판결처럼 국가 방위가 반드시 무기를 드는 것만이 아니라고 본다면 후방에서 지원 의무에 투입될 수도 있어요. 하지만 이런 경우도 전쟁 중에는 심각한 문제가 될 수 있어요.

전쟁이 발생하면 총을 들고 최전방에서 전투에 임하는 사람들은 그만큼 사망할 확률이 높아요. 반면에 후방에서 지원 의무를 하는 사람들은 최전방 사람들보다는 사망할 확률이 높지 않지요. 죽음을 두려워하지 않는 사람은 아무도 없어요. 죽기가 두려워 모두가 종교적 신념을 이유로 후방 지원 의무를 원한다면 과연 국가 방위는 어떻게 될까요?

위기 상황에서는 그 어떤 예외 조항도 발생해서는 안 되고, 모두가 동등한 조건에서 그 상황에 임해야 할 거예요. 종교적 신념을 이유로 예외 사항을 주장한다면 위기 상황에서 국가를 방위하는 것은 어렵다고 볼 수 있어요. 하지만 개인 사상의 자유도 중요한 문제예요. 그 사람이 진실한 종교적 신념자라고 한다면, 그래서 그 어떤 때에도 폭력을 행사하지 못하고 무기를 들 수 없는 경우라면 그 사람의 신념도 존중받아야 해요. 그에게 국방의 의무를 강요하여 전쟁터에 데려간다고 한들 그는 전쟁을 수행할 마음이 없기 때문에 아무런 도움도 될 수 없기 때문이지요.

그렇다면 가장 합리적인 방법은 무엇일까요? 개인의 양심에 맡길 수밖에 없는 것일까요? 국가 위기 상황(전쟁)이 발생할 경우 양심에 따라 무기를 들거나 내려놓아야 할까요? 쉽게 결론을 내릴 수 없는 문제인 것은 분명하지요. 우리가 한 가지 생각해 봐야 할 문제는 지구상에 살고 있는 수많은 사람들 중 똑같은 사람은 한 사람도 없다는 사실이에요. 인간은 각자 개성 있는 존재이기에 모두가 같은 생각, 같은 행동을 할 수는 없어요.

인간들이 어떤 목적을 위해 단체를 만들고 그 단체가 위기 상황에 빠졌다고 해서 모두가 같은 생각을 갖고, 같은 행동을 하라고 강요할 수는 없어요. 모든 사람은 각자 다르기 때문이지요. 다름을 한 가지로 통일하라고 강요할 수는 없다는 이야기예요. 이때에는 다름을 인정하는 게 가장 합리적인 방법이에요. 그 다름을 인정할 때 비로소 새로운 해결점이 나타날 수가 있는 거지요. 많은 사람들이 다름을 인정하지 않기 때문에 항상 문제가 되고, 그 문제는 계속해서 문제로 남아있게 되는 거예요. 종교적 신념과 국민의 의무 문제는 이런 관점에서 생각하면 의외로 그 해결점을 쉽게 찾을 수도 있지 않을까요?

# 양심적 병역 거부자의
# 대체 복무 제도에 대하여

　'대체 복무 제도'란 징병제(한 국가의 국민이 일정한 연령에 도달하면 일정 기간 군에 복무하도록 하는 의무 병역 제도)를 실시하는 국가에서 현역 입영 대상자 중 일정 기준에 해당하는 자에게 사회 복지 시설이나 재난 구호 요원으로 근무하도록 하고, 그것으로 병역 의무를 마친 것으로 인정해 주는 제도를 말해요.

　우리나라는 이미 1970년대부터 대체 복무 제도가 도입되어 많은 사람들이 사회 복지 시설이나 재난 구호 요원으로 병역 의무를 대신했어요. 하지만 사상과 양심, 종교적 신념에 의해 병역을 거부한 사람들에 대해서는 대체 복무를 인정하지 않았어요.

　우리나라 병역법 제88조에서는 '정당한 사유' 없이 현역 입영이나 예비군 소집 등에 불응할 경우 3년 이하의 징역에 처한다고 규정하고 있어요. 1968년 대법원은 "종교인의 양심적 결정에 의한 군 복무 거부는 헌법상 양심의 자유에 속하지 않는다"고 판결했어요. 대법원 판결 이후 종교적 신념을 이유로 병역을 거부한 사람들에게는 실형을 선고해 왔어요. 하지만 양심적 병역 거부자의 대체 복무 논의는 계속해서 논란이 되었고, 2005년 국가인권위원회가 국회와 정부에 대체 복무제 도입을 권고하면서 다시 한 번 수면 위로 떠올랐어요.

양심적 병역 거부자의 대체 복무제 논의가 계속해서 논란이 되자, 2007년 정부는 '병역 이행 관련 소수자의 사회 복무제 편입 추진 방안'을 내놓았어요. 이 방안은 양심적 병역 거부자들이 복지 시설에서 합숙하면서 중증 장애인이나 치매 노인을 24시간 보호하는 일로 군 복무를 대신하게 해 주자는 계획이었어요. 하지만 이 방안은 2008년 정권이 바뀌면서 무기한 보류되었어요.

양심적 병역 거부자의 대체 복무제 논의가 다시 구체화된 것은 2018년 헌법재판소의 병역법 제5조에 대해 헌법 불일치 판결이 나면서부터예요. 2018년 6월 28일 헌법재판소는 종교와 양심을 이유로 군 복무를 거부한 이들을 위한 대체 복무를 정하지 않은 병역법 제5조 1항 등에 대한 헌법 소원 심판에서 재판관 6 대 3의 의견으로 헌법 불일치 판결을 내렸어요.

헌법재판소는 현행법상 병역의 종류가 군사 훈련을 전제로 하고 있고, 대체 복무제는 규정하지 않아 양심적 병역 거부자의 '양심의 자유'를 침해한다고 보았어요. 또 국방력에서 병역 자원의 비중이 점점 낮아지고 있고, 엄격한 심사를 통해서 병역 회피자를 걸러낼 수 있다는 점을 들어 대체 복무제 도입에 문제가 없다고 판단했어요. 헌법재판소는 병역의 종류를 현역, 예비역, 보충역, 병역 준비역, 전시 근로역 등으로만 규정한 이 조항을 2019년 12월 31일까지 개정하라고 판시했어요.

헌법재판소의 판결에 따라 국방부는 2018년 12월 28일 양심적 병역 거부자의 대체 복무제를 위한 '병역법 개정안'과 '대체역 편입 및 복무 등에 관한 법률안'을 입법 예고했어요. 국방부가 입법 예고한 개정안은 "대체 복무자는 24시간

교정 시설에서 합숙 근무하며, 그 기간은 36개월로 정한다"는 내용이었어요.

국방부의 병역법 개정안이 발표되자 많은 시민단체와 양심적 병역 거부자들은 개정안의 문제점을 지적했어요. 우선 국방부 개정안은 "대체 복무제 기간이 현역병의 1.5배를 넘지 않아야 한다"는 국제기구 권고안에 어긋난다고 지적했어요. 또 복무 장소를 교정 시설로 제한한 것은 상당히 징벌적인 방안이라고 평가했어요. 하지만 국방부 개정안은 2019년 12월 27일 국회 본회의에서 통과되어 확정되었어요.

우리나라 외에 양심적 병역 거부자의 대체 복무제를 시행하고 있는 나라는 대부분 유럽 국가들이에요. 아시아에서는 2000년 대만이 처음으로 이 제도를 도입했어요.

경제협력개발기구(OECD) 회원국 중에는 13개 나라가 징병제를 택하고 있고, 그중에서 9개 나라는 양심적 병역 거부를 인정하여 대체 복무제를 시행하고 있어요. 덴마크, 스웨덴, 핀란드 등이 대표적인 나라이고, 노르웨이는 양심적 병역 거부 시 병역을 전면 면제하고 있어요. 이 중 스웨덴과 덴마크는 복무 기간이 현역병의 복무 기간과 같고 스위스, 오스트리아, 리투아니아는 1.5배, 그리스는 1.7배 정도예요.

# 4.

## 공무원은 개인의 사상과 신념을 포기해야 하는가?

① 소송 시기: 1962년

② 소송을 제기한 사람: 영어 강사 해리 케이시안 외 4명

③ 소송을 당한 사람: 뉴욕 주립대 이사회

④ 판결 시기: 1967년(미국 연방대법원)

⑤ 판결: 뉴욕 주의 교육법 및 공무원법은 위헌 소지가 있다.

▲ 1960년대 뉴욕 주립대학교 이사회는 뉴욕 주의 교육법 및 공무원법을 근거로 버펄로 대학교의 교수 및 직원들에게 공산당과 같은 불온한 단체에 가입하지 않았음을 밝히고, 이후에도 그런 단체에 가입하지 않겠다는 서약서에 서명하도록 강요했다.

# 소송 내용과 판결

오늘날 민주주의 국가에서는 개인의 학문, 사상, 표현의 자유를 보장하고 있어요. 하지만 그 자유는 국가 운영 및 존립에 문제가 될 경우, 공공질서를 해치거나 다른 사람의 명예를 심각하게 훼손하거나 피해를 줄 경우에는 일정 부분 제약을 받을 수도 있어요.

많은 민주주의 국가들이 처음부터 학문이나 사상, 표현의 자유를 보장한 것은 아니었어요. 특히 공산주의와 민주주의가 첨예하게 대립하고 있었던 1900년대 중반 무렵에는 상당 부분 제약을 받을 수밖에 없었어요. 민주주의 국가에서는 공산주의와 관련된 그 어떤 부분도 용납할 수 없었고, 공산주의 진영에서도 마찬가지였지요.

우리나라도 1948년 정부 수립 이후 남북이 대치한 상황에서 북한에 대해서는 매우 적대적이었고, 북한 및 공산주의와 관련해서는 그 어떤 것도 용납하지 않았어요. 또 이런 상황에서 많은 사람들이 공산주의 사상을 옹호했다는 이유로 억울하게 감옥에 갇히거나 목숨을 잃기도 했어요.

민주주의가 우리나라보다 훨씬 더 빨리 정착된 미국 같은 경우에도 1950~1960년대 사이에 '매카시즘' 광풍이 불어서 공산주의 옹호자라고 지목된 많은 사람들이 죽거나 피해를 입어야만 했어요. 매카시즘은 1950~1954년 사이 미국 전역을 휩쓴 극단적 반공 사상을 말해요. (74쪽 '더 알아보기' 참조)

미국에서 매카시즘 광풍이 지나간 이후에도 민주주의를 대표하는 미국과 공산주의를 대표하는 소련이 서로의 세력을 지키고 확대하기 위해 극단적으로 대립했어요. 민주주의와 공산주의의 이념이 대립하는 상황에서 학문이나 사상, 표현의 자유는 많은 부분 제약을 받기도 했지요. 매카시즘 광풍이 지나가고 1962년 미국 뉴욕 주에서 있었던 해리 케이시안과 뉴욕 주립대학교 이사회의 소송은 이런 이념 논쟁 시대에 학문과 사상의 자유가 어디까지 보장되어야 하는지 보여주며 많은 관심을 끌었어요.

1962년 미국 뉴욕 주의 사립학교였던 버펄로 대학교는 뉴욕 주립대학교에 합병되었어요. 뉴욕 주립대학교는 뉴욕 주 정부가 운영하는 공립학교였기 때문에 교수 및 교직원들은 모두 공무원 신분이었지요.

뉴욕 주립대학교의 이사회는 새로 주립대학교의 일원이 된 버펄로 대학교의 교수 및 교직원들에게 서약서에 서명하도록 요구했어요. 서약서의 내용은 공산당과 같은 불온한 단체에 가입하지 않았음을 밝히고, 이후에도 그런 단체에 가입하지 않겠다는 것을 다짐한다는 것이었어요.

당시 뉴욕 주의 교육법 및 공무원법에는 불온한 사상을 가졌거나 그런 사상을 행동에 옮기려는 사람에 대해 뉴욕 주 정부가 운영하는 교육 기관에서 일할 수 없도록 하는 규정이 있었어요. 뉴욕 주립대학교 이사회는 뉴욕 주의 교육법 및 공무원법을 근거로 들어 버펄로 대학교의 교수 및 직원들에게 서약서에 서명하도록 강요한 거였어요.

버펄로 대학교 영어 강사였던 해리 케이시안은 4명의 동료 강사들과 함께 서약서의 내용이 학문과 사상의 자유를 침해하고 있다고 주장하면서 서약서에 서명하기를 거부했어요. 그러자 뉴욕 주립대학교 이사회는 서명에 거부한 케이시안과 그의 동료들에게 뉴욕 주립대학교의 일원이 될 수 없다고 통보했어요.

케이시안과 동료들은 즉각 소송을 제기했어요. 케이시안과 동료들은 주립대학교 측이 근거로 든 교육법 및 공무원법의 내용이 상당히 모호하며, 그 적용 범위 또한 명확하지 않고, 헌법이 보장하는 학문과 사상의 자유를 침해하고 있다고 주장했어요. 뉴욕 주 지방법원은 1심에서 뉴욕 주립대학교 이사회의 손을 들어주었어요. 케이시안과 동료들은 즉각 항소했지만 2심 법원의 판결도 1심과 같았어요. 1심과 2심에서 모두 패했기 때문에 주변 사람들은 이 사건이 연방대법원에 올라가더라도 케이시안이 이길 확률은 없다고 생각했어요.

두 번의 재판에서 모두 패하고 주변 사람들도 회의적인 생각이었지만 케이시안과 동료들은 사건을 연방대법원까지 끌고 가는 데 성공했어요. 대법원은 학문과 사상의 자유를 지키는 것이 먼저인지, 아니면 불온한 사상으로부터 학생들을 보호해야 하는 것이 먼저인지를 놓고 열띤 토론을 펼쳤어요.

1967년 연방대법원은 모두의 예상을 뒤엎고 대법관 5 대 4의 결정으로 케이시안의 손을 들어주었어요. 연방대법원은 케이시안과 그의 동료들이 주장한 대로 뉴욕 주의 교육법과 공무원법의 일부 내용이 모호하고, 그 적용 범위도 불명확하다고 판단했어요.

당시 뉴욕 주의 교육법 및 공무원법에는 어떤 선동적인 발언과 행위는 직원의 해고 사유에 해당하며, 폭력에 의한 정부의 전복을 지지하는 문건을 배포하거나 관여하는 사람에게 임용을 거부할 수 있다는 규정이 있었어요. 대법원은 이 문구 중에서 선동적인 행위의 범위가 어디까지인지, 폭력에 의한 정부의 전복을 지지하거나 배포하는 사람에게 부적격 판정을 내리는 근거가 무엇인지 명확하지 않다고 보았어요.

대법원은 만약 어떤 정부가 불법적인 행위를 저질러 그런 정부를 전복할 목적으로 문건을 배포했을 경우에도 그 법을 적용할 수 있는지 물었어요. 과거에도 정부가 잘못을 저질렀을 경우 시민의 힘으로 정부를 전복한 예는 많았기 때문이에요. 프랑스 혁명이 그러하고 미국 혁명, 러시아 혁명 모두 그런 과정을 거쳐 시민의 힘으로 새로운 정부를 만들어 낼 수 있었어요.

대법원은 현행 교육법 및 공무원법의 내용대로라면 혁명의 역사에 관한 책 배포도 금지되어야 하고, 그런 책을 사람들에게 읽어 보라고 권하는 것도 금지되어야 한다고 보았어요. 그렇기 때문에 현행 법령은 위헌 소지가 있다고 판단했어요.

대법원은 어떤 사람이 불온한 사상을 가졌다고 해서, 어떤 불법적인 단체에 가입했다고 해서, 단지 그 이유로 공공 기관의 채용을 막는다면 그 자체 학문과 사상의 자유를 보장하는 수정 헌법 제1조를 위반하는 거라고 판단했어요. 대법원은 불온한 사상을 지니거나 불법적인 단체에 가입한 것과 불법적인 목표를 수행하려는 구체적인 의도나 행동은 별개의 문제라고 판단한 거예요. 즉, 불온한 생각이 반드시 구체적인 행동으로 연결되지는 않는다고 보았어요. 연방대법원은 이런 이유를 들어 뉴욕 주의 교육법 및 공무원법의 일부 내용은 위헌이라고 판결했어요.

# 이의(반대 의견) 있어요!

　뉴욕 주의 교육법 및 공무원법에 대한 연방대법원의 위헌 판결은 결과에서도 나타나듯이 치열한 논쟁을 벌인 소송이었어요. 대법관 9명 중 4명이 반대 의견을 냈을 정도로 의견이 한쪽으로 모아지지 않은 매우 어려운 소송이었던 셈이에요.

　반대 의견을 피력한 4명의 대법관은 과거 판례를 들어 이번 소송의 결정이 잘못되었다고 주장했어요. 과거 케이시안 소송과 비슷한 경우가 몇 차례 있었는데, 그때마다 연방대법원은 교육법 및 공무원법에 전혀 문제가 없다고 판결했기 때문이에요. 4명의 대법관은 이번 케이시안 소송에서 연방대법원이 과거와 다른 판결을 내린 것은 그동안 대법원이 지켜온 판례를 거부하는 것이므로 매우 불합리한 결정이라고 주장했어요.

　공교육의 목표는 매우 단순하면서도 중요한 의미를 지니고 있어요. 그것은 공교육을 통해 학생들의 가치관과 올바른 정신이 정립된다는 사실이에요. 그런 까닭에 공립학교에서의 교육은 어느 한쪽에 치우친 사상이나 이념 교육이 아니라 가치 중립적인 교육이 되어야 하며, 균형 잡힌 교육이 되어야 하지요.

　만약 어떤 공립학교 교사가 특정 이념이나 사상을 지닌 사람이라고 가정해 보세요. 그 교사는 은연중에 학생들에게 자신의 사상이나 이념을 전파하지 않을까요? 충분히 가능한 일이라고 볼 수 있어요.

　앞에서 5명의 대법관은 특정한 생각이 반드시 특정한 행동으로 이어지는 것은 아니라고 주장했어요. 그런데 이 주장을 자세히 분석해 보면 특정한 생각은 어떤 경우에는 특정한 행동으로 이어진다는 것을 내포하고 있어요.

그렇다면 여기에서 다시 한 가지 경우를 가정해 보세요. 어떤 특정한 사상을 가진 교사가 어떤 특정한 행동을 했을 경우 학생들이 입을 피해는 엄청나다고 볼 수 있어요. 그 교사에게 교육을 받은 학생들은 그 교사가 지닌 특정한 사상이나 이념을 습득하겠지요. 이런 일이 일어나지 않게 하려면 어떻게 해야 할까요?

방법은 하나밖에 없어요. 불온한 사상이나 이념을 지닌 교사를 사전에 걸러 내야 해요. 뉴욕 주가 공무원들의 자격 규정을 법령으로 만든 이유가 바로 여기에 있어요. 미리 불온한 사상이나 이념을 지닌 공무원을 걸러 내어 올바른 공교육을 실현하는 것이 뉴욕 주 교육법 및 공무원법의 목적이었던 셈이지요.

케이시안 소송에서 연방대법원이 케이시안의 손을 들어준 것은, 어떤 일이 발생하지도 않았는데 발생할 것을 예상하여 규제하는 것은 부당하다고 보았기 때문이에요. 그런데 연방대법원의 이런 결정은 그 자체에 모순이 있는 결정이라고 볼 수 있어요.

연방대법원은 "불온한 생각이 반드시 불온한 행동으로 이어지는 것은 아니다"라고 하면서 반드시라는 단서를 달았어요. 이것은 불온한 생각이 불온한 행동으로 이어지는 경우도 있다는 의미이고, 이런 일이 발생할 경우 어떻게 해야 하는지에 대해서는 아무런 답을 내놓지 않았어요.

범죄는 사전에 예방하는 것이 중요해요. 범죄가 발생하고 난 뒤 수습하는 것은 큰 의미가 없어요. 분명 범죄의 조짐이 보인다면 사전에 그 사람에 대해 철저한 관리가 필요하지요. 그래야 범죄로 이어지지 않아요. 이번 연방대법원의 결정은 이런 부분을 놓쳤다고 볼 수 있어요. 불온한 사상은 불온한 행동으로 이어질 수도 있으니까요.

# 소송을 바라보는 눈

이 소송은 승패를 떠나서 매우 중요한 메시지를 남겼어요. 판결이 났던 당시는 전 세계적으로 민주주의와 공산주의 간의 이념 논쟁이 치열한 시기였고, 그런 까닭에 각 진영은 자신들의 이념을 지키기 위해 많은 노력을 기울였어요. 당연히 이 시기에는 국가의 정책이 우선인 경우가 많았고, 개인의 자유는 많은 부분 제약을 받을 수밖에 없었지요. 그런데 케이시안 소송 판결의 결과로 이념 논쟁은 중요한 전환점을 맞게 되었어요.

그전까지는 민주주의의 이념을 지키기 위한 국가의 정책이 우선이었다면 케이시안 소송 이후부터는 개인의 사상, 표현의 자유가 더 중요한 가치임을 인정받게 되었어요. 연방대법원이 누군가 불온한 사상을 가졌거나, 혹은 불온한 단체에 가입했다 하더라도 국가 체제를 위협하거나 전복하려는 구체적인 의도나 행위가 없다면 그 사람의 자유를 억압해서는 안 된다고 판결했기 때문이에요. 이는 학문과 사상의 자유가 극히 예외적인 경우를 제외하고는 엄격하게 보장되어야 함을 대외적으로 공포한 거였어요.

그 이후 불온한 사상을 가진 개인이나 집단에 대해 많은 사람들이 우려했어요. 학문과 사상의 자유가 민주주의 이념을 해칠 수도 있다고 생각했기 때문이지요. 결과는 어떻게 되었을까요? 많은 이들의 우려처럼 불온한 사상이나 이념이 사회를 힘들게 만들었을까요? 그렇게 되지 않았음을 우리는 쉽게 알 수 있어요. 학문과 사상의 자유를 보장한 민주주의 국가는 지금도 굳건하게 자리하고 있어요. 반대로 학문과 사상의 자유를 통제한 공산주의 국가는 지구상에서 대부분 사라지는 운명을 맞고 말았어요.

연방대법원의 판결은 결과적으로 보면 매우 훌륭한 선택이었다고 볼 수 있어요. 자유를 보장함으로써 더 큰 자유를 얻었으니까요. 만약 연방대법원이 예전 판례처럼 국가 이념을 지키기 위해 학문과 사상의 자유를 제한했더라면 공산주의 국가들처럼 더 큰 저항에 부딪쳤을 수도 있어요. 우리는 소중한 것을 지키기 위해 테두리를 치는 경우가 많아요. 하지만 테두리를 친다고 소중한 것을 더 잘 지킬 수 있을까요? 반드시 그렇다고 볼 수는 없어요. 왜냐하면 테두리로 인해 그것의 진정한 가치를 잘 모를 수도 있기 때문이지요. 소중한 것을 잘 지키기 위해서는 누구나 손쉽게 접근 가능하도록 길을 열어 주는 것이 더 합리적인 방법일 수도 있어요. 그래야 소중한 것의 진정한 가치를 쉽게 알 수 있기 때문이에요.

지금의 세계를 보면 민주주의와 공산주의(사회주의)의 싸움에서 학문과 사상의 자유를 보장한 민주주의가 승리했다고 볼 수 있어요. 그렇다고 공산주의를 지향한 나라들이 모두 사라진 것은 아니에요. 아직도 공산주의 체제를 지향하고 있는 몇몇 나라들이 나름대로 선전하고 있는 것도 사실이에요. 대표적인 나라가 중국이에요. 중국이 학문과 사상의 자유를 통제하면서도 어떻게 아직까지 세계적인 경쟁력을 지닌 나라로 살아남을 수 있었을까요? 그것은 시장 경제를 도입했기 때문이에요. 중국은 자본주의 국가의 상징인 시장 경제를 도입하여 부국이 되었지만, 여전히 공산당이 모든 권력을 독점하며 국민들의 사상과 자유를 통제하고 있어요.

앞으로 중국은 어떻게 될까요? 정보 통신의 발달로 전 세계가 하나로 연결되어 있는 이 시대에 중국의 방식은 미래에도 계속 통할까요, 아니면 소련의 경우처럼 공산주의의 몰락으로 이어질까요? 만약 중국이 계속해서 승승장구한다면 학문과 사상의 통제가 그렇게 나쁜 것만은 아니라는 반증이 될 수도 있을까요? 또 연방대법원의 케이시안 소송 판결도 새롭게 조명될 필요가 있을까요?

# 매카시즘에 대하여

매카시즘은 매우 극단적인 반공 사상을 뜻하는 용어예요. 한국 전쟁이 진행 중이던 1950년대 초반 미국을 뒤흔들었던 매카시즘은 미국 공화당의 상원 의원 'J.R. 매카시'의 이름에서 유래된 말이에요.

매카시즘은 객관적 사실에 바탕을 둔 민주적인 토론이 아니라 군중 심리를 파고드는 선동적인 행위를 통해 정치적 반대파들을 대중적으로 고립시키는 정치 공작을 의미하며, 지금은 '근거 없이 반대편을 매도하고 억압하는 행위'의 대표적인 용어가 된 말이기도 해요.

1946년 위스콘신 주 연방 상원의원으로 당선된 매카시는 경력을 위조하고 상대방에 대한 명예 훼손, 금품 수수 등을 행하여 정치적으로 매우 어려운 상황에 처하게 되었어요. 무언가 확실한 돌파구가 필요했던 매카시는 1950년 공화당 당원 대회에서 이상한 발언을 해서 미국 사회를 혼돈 속으로 빠져들게 했어요.

"미국 국무부 내 공산주의 활동을 한 205명의 명단이 여기에 있다."

매카시의 이 발언은 미국 사회를 '적색 공포(Red Scare)'의 소용돌이로 몰아넣었고, 이후 많은 사람들이 부당한 취급을 당하거나 억울하게 목숨을 잃어야 했어요. 확실한 근거도 제시하지 못한 발언이었지만 당시는 소련과의 이념 경쟁이 한창 진행 중이었기 때문에 미국의 정치권은 매카시를 위원장으로 하는 '비미활동위원회'를 조직하여 정부와 의회, 학계와 문화계를 대상으로 공산주의자 색출 작업을 시작했어요.

이 색출 작업으로 과학자였던 로젠버그 부부가 사형당하고, 영화배우 찰리 채플린은 미국 땅을 떠나야 했어요. 그 외에도 많은 유명인들이 의심을 받았고, 심지어 대통령까지 의심받는 상황이 발생했어요. 누군가 조금만 이상한 행동을 하면 공산주의자로 의심받는 사회 분위기였지요.

공산주의자 발언 이후 매카시는 정치적으로 기사회생했고, 그의 폭로가 이어질 때마다 대중적인 인지도도 높아졌어요. 왜냐하면 많은 사람들이 공산주의자로 오해받지 않기 위해서 더 적극적으로 매카시의 의견에 동조했기 때문이에요. 매카시가 소속되어 있던 공화당은 적극적으로 매카시를 응원했고, 정치적 반대파였던 민주당도 자신들이 공산주의자가 아니라는 것을 증명하기 위해 매카시에게 동조할 수밖에 없었어요. 가장 많은 의심을 받은 사람은 공무원이었고 그다음으로 연예인, 교육자, 노동조합 활동가들이었어요.

매카시가 이끄는 비미활동위원회는 약 4년 동안 활동하며 수많은 사람들을 공산주의자로 기소했고, 활동 기간 동안 매카시는 미국의 정치권에서 가장 유력한 인사가 되었어요. 하지만 매카시의 공산주의자 발언은 처음부터 근거가 없는 말이었기 때문에 시간이 갈수록 많은 사람들이 점점 피로감을 느꼈고 한계점을 보이기 시작했어요.

1953년 정권을 잡게 된 공화당 내에서도 매카시의 활동에 대해 회의적인 생각을 갖게 되었어요. 또 일부 공화당 의원들은 양심선언을 하여 매카시의 공산주의자 발언이 근거 없다고 했고, 연방대법원도 국가 안보보다는 사상과 표현의 자유를 더 중요시하는 판결을 내리기 시작했어요.

매카시가 결정적으로 몰락하게 된 계기는 1954년 에드워드 머로 기자가 방송에서 매카시의 주장이 거짓이라고 밝히면서부터예요. 머로 기자는 매카시의 주장을 조목조목 반박하며 미국인들의 마음을 움직였어요.

머로 기자의 방송 이후 궁지에 몰리게 된 매카시는 다시 한 번 사태를 역전시키기 위해 이번에는 미국 육군 내에 공산주의자들이 활동하고 있다며 청문회를 열었어요. 하지만 이 청문회는 매카시에게 오히려 독이 되고 말았어요.

제2차 세계 대전을 승리로 이끈 전쟁 영웅이자 공화당 출신 대통령이었던 아이젠하워는 미국 육군에 대해 모욕적인 언사를 한 매카시를 보고 크게 분노

▲ 제2차 세계 대전을 승리로 이끈 아이젠하워 대통령

했고, 매카시에 대한 청문회를 열 것을 지시했어요. 매카시는 청문회에서 이성을 잃은 행동을 하면서 미국인들의 신뢰를 잃었고, 미국을 광풍으로 몰아넣었던 매카시즘은 막을 내리게 되었어요.

우리나라도 1953년 한국 전쟁 이후 북한과의 긴박한 대치 상황 속에서 매카시즘 광풍이 몰아친 적이 있었어요. 매카시즘은 정권의 보호막 노릇을 톡톡히 했지요. 당시의 독재 정권은 위기 때마다 공산주의자 색출을 이유로 개인의 사상과 표현의 자유를 억압했고, 이로 인해 많은 사람들이 공산주의자로 몰려 억울하게 목숨을 잃어야 했어요. 독재 정권하에서 목숨을 잃거나 공산주의자로 낙인찍혀 고통을 겪었던 많은 사람들은 1987년 민주화 이후, 당시 공산주의자 낙인이 조작임이 드러나 일부분 명예를 회복할 수 있었어요.

# 5.

## 진화론을 가르칠 것인가,
## 창조론을 가르칠 것인가?

① 소송 시기: 1981년

② 소송을 제기한 사람: 존 아길라드 외 다수의 과학자들

③ 소송을 당한 사람: 루이지애나 주지사 에드윈 에드워즈

④ 판결 시기: 1987년(미국 연방대법원)

⑤ 판결: 창조론과 진화론을 함께 가르치도록 한 주 법령은 부적절한 법령이다.

1840년    1881년    1854년

▲ 진화론을 주장한 영국의 생물학자 찰스 다윈. 1840년 31세(왼쪽), 1881년 72세(가운데), 1854년 45세(오른쪽)

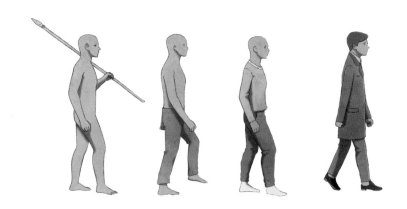

# 소송 내용과 판결

　하느님이 세상의 모든 생물을 지금의 모습 그대로 창조해 냈다는 '창조론'과 유기체가 수백만 년의 오랜 시간 동안 주어진 환경에 적응하면서 보다 더 복잡하고 발달된 종으로 진화했다는 '진화론'은 현재까지도 논쟁 중에 있는 이론이에요. 과학이 발달하면서 지금은 진화론을 더 신뢰하는 사람들이 많아진 것이 사실이지만, 진화론도 그 이론을 확실하게 뒷받침할 만한 직접적인 증거를 못 찾고 있기 때문에 여전히 이 문제는 결론이 나지 않고 있어요.

　'모든 생물은 원시적인 종류의 생물로부터 진화해 왔다'는 진화론은 고대 그리스의 과학자들이 처음 언급했다고 알려져 있어요. 하지만 이때의 진화론은 단순하게 그럴 것이라는 생각만 가지고 있었을 뿐 체계적인 학문으로 발전하지는 못했어요. 왜냐하면 이 시기에는 기독교적 세계관이 모든 것을 지배하고

VS

있었기 때문이에요.

진화론이 실제적으로 체계화된 것은 19세기 들어 프랑스의 생물학자 라마르크에 의해서예요. 그는 각 생물에게는 상황에 따라 많이 사용하는 기관과 적게 사용하는 기관이 있는데, 많이 사용하는 기관은 발달하고 적게 사용하는 기관은 퇴화한다는 '용불용설'을 주장했어요. 라마르크는 생명계의 진화를 합리적으로 설명한 최초의 생물학자라고 볼 수 있지요.

라마르크 이후 진화론을 완성한 사람은 영국의 생물학자 찰스 다윈이에요. 그는 20여 년간의 연구 끝에 과학적인 방법으로 진화론을 하나의 이론으로 확립시켰어요. 1859년《종의 기원》에서 그는 "모든 생명체는 약간씩 변이가 있고, 그 변이는 후대로 전해지며, 생존을 위한 극심한 투쟁이 있으며, 생존에 유리한 변이가 일어나는지 여부가 생명체의 생존을 결정하고, 아주 긴 지질학적 역사 속에서 생명체의 성공적인 변이가 곧 아주 다양한 동식물 종이 생성되는 기원"이라고 말했어요. 다윈이 여러 가지 자료를 제시하여 증명한 진화론의 핵심은 '자연선택설'이에요. 자연선택설은 "같은 종의 생존 경쟁에서 환경에 적응한 것이 생존하여 자손을 남기게 된다"는 학설이에요.

사실 다윈이《종의 기원》을 발표하기 전까지는 하느님이 모든 우주 만물을 창조해 냈다는 창조론이 지배적이었는데, 다윈 이후 진화론이 더 관심을 받게 되었어요. 하지만 진화론도 생명체의 존재에 대해 증명해 내지 못하는 부분이 있기 때문에 현재까지도 진화론과 창조론은 논쟁의 중심에 서 있어요.

다윈 이전에 지배적인 이론이었던 창조론은 진화론 이후 심각한 타격을 입긴 했지만 나름대로 진화론에 맞서 대안을 모색했어요. 대표적인 이론이 '창조과학' 이론이에요. 창조과학은 창조론을 과학적 사실로 인정하고 진화론을 거부하는 주장이에요. 이 이론을 주장하는 사람들은 창조론을 과학적으로 입증할 수 있다고 보고 진화론은 과학이 아니라고 주장해요.

반면 과학계에서는 창조과학을 종교적 교리를 과학적으로 꾸미려는 유사과학이라고 비판하고 있어요. 미국에는 창조과학에 관심을 갖고 있는 사람들이 많이 있어요. 미국에서는 교육 분야에서 창조론과 진화론을 어떻게 가르칠 것인지에 대해 많은 논쟁이 있었어요. 교육 분야에서의 논쟁은 법정으로 옮겨졌고, 지금까지 미국에서는 크게 세 차례나 법정 다툼이 있었어요.

창조론과 진화론의 첫 번째 법정 다툼은 1925년에 있었어요. 일명 '원숭이 재판'이라고 불린 이 재판에서는 창조론 측의 손을 들어주었고, 1928년 아칸소 주에서 있었던 두 번째 재판에서는 진화론 측의 손을 들어주었어요. (88쪽 '더 알아보기' 참조)

미국에서 진화론과 창조론에 대한 세 번째 다툼은 1981년 루이지애나 주에서 있었어요. 1981년 루이지애나 주 의회는 공립학교에서 진화론을 가르칠 때 창조과학 이론도 함께 가르칠 것을 의무화하는 '창조과학과 진화과학의 균형 있는 취급을 위한 법령'을 제정했어요. 의회가 이런 법령을 제정하자 노벨상을 받은 수많은 과학자들과 수십 개의 과학 단체들은 고등학교 생물 교사인 존 아길라드를 대표로 내세워 당시 루이지애나 주지사 에드윈 에드워즈를 상대로 해당 법령이 위헌이라며 소송을 제기했어요.

소송을 제기한 사람들은 이 법령이 특정 종교의 교리를 과학의 이름으로 포장해서 학생들에게 가르치려는 의도가 있으므로 헌법의 국교 금지 조항을 위반했다고 주장했어요. 반면 루이지애나 주 정부는, 이 법령을 제정한 목적은 학생들에게 생명의 기원에 대해 다양한 시각을 심어주기 위한 것이라고 주장했어요.

법원은 1심과 2심에서 모두 존 아길라드의 손을 들어주었어요. 그러자 루이지애나 주 정부는 하급 법원의 판결에 불복하여 즉각 항소했고, 사건은 1987년 연방대법원으로 향했어요. 하지만 연방대법원도 7 대 2로 하급 법원의 판결을 지지하며 존 아길라드의 손을 들어주었어요.

대법관 7명은 몇 가지 이유를 들어 루이지애나 주가 제정한 법령에 문제가 있다고 판단했어요. 대법관 7명은 루이지애나 주의 법령이 창조과학을 병행해서 가르치지 않으면 진화론도 아예 가르치지 못하도록 한 것이 가장 큰 문제라고 지적했어요. 이는 창조과학을 가르치지 않으면 생명의 기원에 대해서는 아무것도 가르칠 수 없기 때문에 문제이며, 곧 그것은 창조과학을 더 중요하게 강요하는 행위라고 판단했어요. 또한 주 의회가 이 법령을 통하여 하느님이 생명체를 창조했다는 종교적 관점을 더 강조하고 홍보하려는 의도가 있기 때문에 문제라고 지적했어요.

연방대법원은 이런 문제점을 근거로 들어, 이 법령이 진화론을 부정하고 특정한 종교의 교리를 옹호하고 있기 때문에 수정 헌법 제1조의 국교 금지 조항을 위반했다고 판단했어요.

## 이의(반대 의견) 있어요!

1987년 연방대법원의 결정으로 '창조과학과 진화과학의 균형 있는 취급을 위한 법령'은 위헌으로 판결났어요. 대법관 9명 중 7명이 위헌이라고 판단했고, 2명의 대법관은 해당 법령이 위헌이 아니라고 판단했어요.

2명의 대법관은 창조과학을 병행해서 가르치지 않으면 진화론도 가르칠 수 없도록 만든 법령이 창조과학을 더 강요하기 위한 것은 아니라고 판단했어요. 이들은 해당 법령의 목적이 창조과학을 특별 취급한 것이 아니라 학생들이 생명의 기원에 대해 여러 이론을 배움으로써 다양한 시각을 갖도록 하는 데 있다고 보았어요.

만약 해당 법령이 창조과학만을 강요하기 위한 것이었다면 진화론은 배우지 못하도록 하고 창조과학만을 가르치도록 했을 텐데, 해당 법령은 두 이론을 함께 가르치도록 했기 때문에 창조과학만을 특별 취급한 것은 아니라고 본 거예요. 또 2명의 대법관은 해당 법령이 루이지애나 주 의회에서 제정될 때 매우 공정하고, 공평한 과정을 거쳤다고 보았어요. 해당 법령이 단순하게 종교주의자들의 입김에 의해 불공정하게 제정된 것이 아니라, 여러 차례의 공청회와 개정을 거쳐 제정된 것이기 때문에 매우 합리적인 법령이라고 판단한 거예요.

루이지애나 주에서 이 법령을 제정한 궁극적인 목적은 학문의 자유에 있었어요. 학생들이 수업 시간에 생명의 기원에 대해 진화론과 창조론을 균형 잡힌 시각으로 배우도록 하려는 목적이었어요.

단지 창조론이 특정 종교 단체가 강력하게 지지하는 이론이라고 하여 창조론을 가르치는 행위가 곧 특정 종교를 옹호하고 강요하는 것이라는 판단은 매우 지나친 해석이라고 볼 수 있어요. 만약 어떤 특정 종교가 진화론을 지지한다면 어떻게 되겠어요? 그런 논리라면 진화론을 가르치는 행위도 특정 종교를 옹호하고 강요하는 것이 될 수 있겠지요.

해당 법령이 비록 어떤 종교의 입장을 지지하는 면이 있다 하더라도 그것은 그 법령의 유일한 목적이 아닌 여러 가지 목적 중 하나에 불과해요. 다른 많은 목적이 있음에도 불구하고 우연히 하나의 목적이 특정 종교의 목적과 일치한다고 하여 해당 법령 자체를 위헌으로 보는 것은 현명한 판단이라고 볼 수 없어요.

루이지애나 주 의회가 제정한 '창조과학과 진화과학의 균형 있는 취급을 위한 법령'은 결과적으로 종교적 목적과 비종교적 목적이 공존하는 법령이라고 볼 수 있어요. 물론 의회에서 법령을 제정할 때에는 분명 비종교적 목적, 즉 학문의 자유를 위해 제정했어요. 그런데 이 법령이 특정 종교를 옹호하는 듯한 결과를 낳은 것은 우연히 생긴 부수적인 결과물일 뿐이고, 매우 하찮은 것 중 하나에 불과해요.

해당 법령 자체의 중요한 목적이 있음에도 불구하고 매우 작은 문제점 하나(종교적 의도) 때문에 법령 자체를 폐기하는 것은 합리적인 판단이라고 볼 수 없어요.

## 소송을 바라보는 눈

진화론과 창조론에 대한 갈등은 유독 미국에서 많은 법적 투쟁을 불러왔어요. 지금도 많은 미국인들이 진화론에 회의적인 생각을 갖고 있어요. 미국 외 다른 유럽 나라들이 창조론에 회의적인 생각을 갖고 있는 것과는 반대되는 입장이지요.

조사에 따르면 미국인 중 진화론을 완벽한 과학적 사실로 받아들이는 사람은 전체 인구의 20%도 안 되는 것으로 나타났어요. 또한 진화론을 믿지 않는 미국인도 30% 넘는 것으로 나타났어요. 이에 반해 유럽 국가에서는 80%에 가까운 사람들이 진화론을 인정하는 것으로 나타났어요. 조사 결과만 보더라도 미국에서 진화론과 창조론에 대한 법적 투쟁이 많은 이유를 이해할 수 있지요.

사실 다윈이 《종의 기원》을 출간하기 전까지는 창조론이 생명의 기원에 대한 지배적인 이론이었어요. 다윈 이후 진화론이 생명의 기원에 대한 새로운 이론으로 자리 잡았고, 과학이 발전할수록 진화론은 인류의 기원에 대해 지배적인 이론이 되었어요. 하지만 진화론도 아직까지 풀지 못한 문제가 있기 때문에 100% 완벽한 이론으로 자리 잡지 못했고, 그런 까닭에 현재까지 진화론과 창조론은 여전히 논쟁 중에 있지요.

1980년대 이후 생명의 기원에 대한 새로운 이론이 나타나기 시작했는데, '지적 설계'라고 불리는 이 이론은 진화론과 창조론을 연결할 수 있는 이론으로 지지를 받았어요. 지적 설계 이론은 진화론의 기본 개념을 인정하면서, 진화론에서 주장하는 우연의 결과 대신 초자연적인 설계자의 의도가 반영된 것이라고 보는 이론이에요. 즉, 진화론에서 증명해 내지 못한 부분을 창조주의 의도라고 보는 관점이지요.

진화론과 가장 큰 갈등을 빚었던 기독교계에서는 지적 설계 이론에 많은 관심을 갖고 있는 상황이에요. 처음 진화론이 나왔을 때 기독교는 진화론을 완전히 부정하는 입장이었어요. 모든 생명은 하느님이 창조했다는 기독교의 교리에 찬물을 끼얹는 이론이었기 때문이지요. 하지만 과학이 발전하면서 진화론은 점점 힘을 얻기 시작했고, 창조론은 힘을 잃을 수밖에 없었어요.

지금은 기독교에서도 진화론을 인정하고 있어요. 하지만 기독교에서 진화론을 인정한다고 해서 창조론을 수정하는 것은 아니에요. 기독교 측은 두 이론이 서로 충돌하지 않는 각자의 길이 있다는 입장이에요.

이런 상황에서 나타난 지적 설계 이론은 기독교 입장에서는 매우 관심이 가는 이론일 수밖에 없어요. 진화론이 대세인 상황에서 진화론과 창조론을 연결할 수 있는 이론의 출현은 창조론에 다시 생명을 불어넣는 일이니까요. 하지만 적어도 미국에서 진화론과 창조론에 대한 갈등은 쉽게 해결되지 않을 확률이 커요. 미국인들의 진화론에 대한 생각이 바뀌지 않는 한, 또 진화론이 100% 완벽한 이론이라는 것이 증명되지 못하는 한 말이에요.

# 진화론과 창조론
# 법적 투쟁의 역사

1859년 다윈이 《종의 기원》을 출간한 이후 진화론을 옹호하는 과학자들과 창조론을 옹호하는 종교계 사람들 간에 많은 논쟁이 벌어졌어요. 첫 번째 진화론과 창조론 간의 격렬한 논쟁은 1860년 영국의 옥스퍼드 대학교 강당에서 있었어요.

창조론 옹호론자인 영국 국교회의 새뮤얼 윌버포스 주교는 진화론 지지자인 생물학자 헉슬리에게 "인간이 원숭이의 후손이라는 생각은 조부 쪽에서 온 것인가, 조모 쪽에서 온 것인가?"라고 물으며 조롱했어요. 그러자 헉슬리는 윌버포스에게 "나는 원숭이를 조상으로 둔 것에 대해서는 부끄럽지 않지만 진실을 숨기려는 인물을 알고 있다는 것이 부끄러울 따름이오"라고 말하며 응수했어요.

윌버포스와 헉슬리의 논쟁이 있고 난 뒤 65년이 지나 미국에서는 진화론과 창조론에 대해 세기의 논쟁이 벌어졌어요. 미국에서 일어난 진화론과 창조론 간의 법적 투쟁은 지금까지 크게 세 번 있었어요. 첫 번째 법적 투쟁은 1925년에 벌어진 일명 '스코프스 원숭이 재판'이고, 두 번째 법적 투쟁은 1928년 아칸소 주에서 일어났고, 세 번째 법적 투쟁은 앞에서 알아본 생물 교사 아길라드와 루이지애나 주지사 에드워즈 간의 소송이에요. 스코프스 원숭이 재판은 단순히 학자들과 종교인들 간의 토론 논쟁이 아니라 법정에서 이루어진 사건이었기 때문에 전 세계의 언론이 집중했고, 세기의 재판이라 불리었어요.

1925년 미국 테네시 주에 있는 작은 도시 데이턴에서 고등학교 생물 교사로 재직하고 있던 존 스코프스는 수업 중에 진화론을 가르쳤다는 이유로 법정에 서게 되었어요. 스코프스가 법정에 서게 된 이유는 몇 개월 전에 테네시 주 의회에서 제정한 '버틀러 법령'을 위반했기 때문이에요. 당시 주 하원의원이며 기독교 근본주의자인 버틀러의 이름을 딴 이 법령은 공립학교에서 창조론을 부정하고 진화론을 가르치는 것을 불법으로 규정했어요.

버틀러 법령은 기독교 유권자들의 표를 많이 얻기 위해 정치인들이 억지로 통과시킨 법이었기 때문에 실제 이 법이 적용되리라고 생각한 사람은 많지 않았어요. 그런데 '전미인권연합'이라는 단체에서 테네시 주에서 통과시킨 버틀러 법령을 알게 되면서 사건은 매우 이상하게 흘러갔어요. 전미인권연합은 이 법령이 사상과 학문의 자유를 침해하고 있다고 판단하여 일부러 소송을 제기할 계획할 세웠어요.

전미인권연합은 우선 이 법령을 위반할 교사를 찾았는데, 스코프스가 이에 응하게 되었어요. 스코프스는 수업 시간에 일부러 학생들에게 진화론을 가르쳤고, 검찰은 스코프스를 법령 위반으로 기소했어요. 그런데 이 사건이 외부로 알려지면서 스코프스 소송은 미국뿐 아니라 전 세계의 관심을 받는 소송이 되어버렸어요.

이 사건이 전 세계적으로 관심을 받게 된 데에는 양쪽 대리인의 명성도 큰 몫을 담당했어요. 스코프스 쪽의 대리인은 당시 인권 변호사로 전국적인 명성을 날리고 있던 클래런스 대로우였고, 검찰 쪽 대리인은 연방 하원의원 출신이자 민주당 대통령 후보로 세 번이나 선출되었던 윌리엄 제닝스 브라이언이었어요. 이 재판은 풍자 작가이자 칼럼니스트였던 멩켄이 재판에 관한 기사를 쓰면서 '이교도 스코프스 원숭이 재판'이라고 언급한 것이 계기가 되어 이후 원숭이 재판이라 불리게 되었어요.

법정에서 양쪽 대리인은 치열한 논쟁을 벌였지만 판결은 이미 예정되어 있었어요. 배심원 12명 중 11명이 기독교인이었기 때문이에요. 그럼에도 불구하고 스코프스 측이 이 사건을 법정으로 끌고 간 것은 사회적인 관심을 불러일으켜 법령의 문제점을 알리려는 목적 때문이었어요.

예상대로 1심 법원은 검찰 쪽의 손을 들어주었고, 스코프스는 법정 최저액

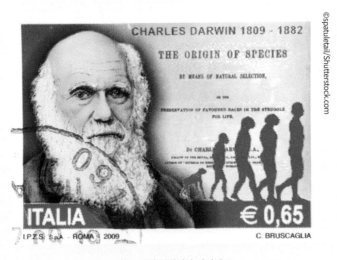

▲ 찰스 다윈 이탈리아 기념 우표

인 100달러의 벌금을 선고받았어요. 많은 단체와 개인들이 벌금을 내겠다고 자원했고, 스코프스 측은 사건을 2심 법원 및 연방대법원으로 끌고 가려는 계획을 세웠어요. 그런데 2심에서 파기 환송되어 연방대법원까지는 올라가지 못했어요. 하지만 스코프스 원숭이 재판은 본래 목적대로 전 세계적인 관심을 끌면서 버틀러 법령의 문제점을 세상에 알릴 수 있었어요.

진화론과 창조론 간의 두 번째 법적 투쟁은 1928년 아칸소 주에서 있었어요. 당시 아칸소 주에는 공립학교에서 진화론 내용이 담긴 교과서의 사용을 금지하는 법률이 있었는데, 교육자들은 이 법률이 헌법을 위반했다면서 소송을 제기했어요. 이 사건은 연방대법원까지 올라갔고, 대법원에서는 진화론 교육을 금지하는 아칸소 주의 법률은 특정 종교를 보호하려는 목적이 있다고 판단하여 만장일치로 위헌이라고 판결했어요.

이처럼 진화론과 창조론 간의 논쟁은 적어도 미국에서는 계속해서 일어날 확률이 높아요. 왜냐하면 많은 미국인들이 진화론에 대해 부정적인 생각을 갖고 있기 때문이지요.

비록 연방대법원까지는 올라가지 못했지만 2005년 조지아 주에서 진화론과 창조론 간의 논쟁이 다시 한 번 있었어요. 조지아 주의 콥 카운티 교육위원회는 생물학 교과서에 진화론은 절대적 진리가 아니라는 내용의 경고 스티커를 부착하도록 했어요. 그러자 진화론자들은 이 사건에 대해 소송을 제기했고, 조지아 주 법원은 스티커 부착 행위에 위헌적 요소가 있다고 판결하여 이후 모든 스티커는 제거되었어요.

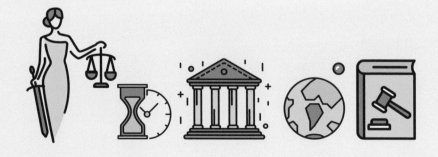

# 제2장

# 자유가
# 아니면
# 죽음을 달라!

## 개인의 자유와 권리에 관한 재판

# 6.

## 국기 훼손은 국가 모독죄인가, 표현의 자유인가?

① 소송 시기: 1984년
② 소송을 제기한 사람: 미국 텍사스 주 정부
③ 소송을 당한 사람: 그레고리 존슨
④ 판결 시기: 1989년(미국 연방대법원)
⑤ 판결: 국기 훼손도 사상의 표현이며, 표현의 자유를 박탈해서는 안 된다.

▲ 나라에 따라 다르지만 우리나라에서는 국기 훼손을 범죄로 규정하고 있다.

# 소송 내용과 판결

국기는 한 나라를 상징하는 깃발을 말해요. 우리 인류는 오랜 옛날부터 자기 집단을 상징하기 위하여 여러 가지 징표를 사용했는데, 현재 각 나라에서 사용하는 국기 또한 그런 징표 중 하나라고 볼 수 있지요.

오늘날 지구상의 모든 나라는 국기를 사용하고 있어요. 국기는 그 나라를 상징하기 때문에 사람들은 자국의 국기에 대해 항상 신성한 생각을 갖고 있지요. 세계 최고 강대국인 미국의 국기는 '성조기'라는 이름으로 많이 알려져 있어요. 미국의 국기가 줄무늬(조)와 별(성)로 이루어져 있기 때문에 성조기란 이름이 붙은 거예요. 미국의 국기를 모르는 사람은 아마 거의 없을 거예요. 그만큼 미국의 국력이 크다는 반증이기도 하지요.

성조기는 13개의 붉은색과 흰색이 번갈아 가며 바탕에 그려져 있고, 왼쪽

상단의 파란색 사각형 안에는 흰색 별 50개가 그려져 있어요. 13개의 붉은색과 흰색 줄은 독립 당시 미국 연방에 가입한 13개 주를 의미하고, 50개의 별은 현재 미국을 구성하는 50개의 연방 주를 의미해요.

1776년 미국이 독립할 당시 별의 수는 13개였고, 그 13개의 별들은 둥근 원 모양을 취하고 있었어요. 이후 연방 주들이 하나씩 늘어나면서 별의 수도 늘어났고, 1960년 하와이 주가 미국의 50번째 주로 가입하면서 현재와 같은 50개의 별이 그려진 국기가 미국의 공식적인 국기로 사용되고 있지요. 그러니까 미국의 국기는 언제든지 바뀔 수 있어요. 미국을 구성하는 주의 숫자에 따라 별의 숫자가 결정되기 때문이에요. 1960년 하와이 주가 미국에 가입하면서 50개의 별이 된 이후 미국 국기는 바뀌지 않았지만 앞으로 새로운 주가 미국에 가입할 경우 51개의 별이 그려진 국기로 바뀌게 될 거예요.

성조기는 미국의 독립 당시부터 지금까지 늘 역사의 중요한 순간마다 국민들과 함께했고, 어려운 시기에는 힘과 용기를 주는 특별한 존재로 자리매김했어요. 성조기뿐만 아니라 각 나라의 국기는 모두 이런 존재로 여겨지고 있지요. 그런데 이런 신성한 국기를 누군가 고의로 훼손한다면 어떻게 해야 할까요? 그 사람을 신성한 국가 상징물인 국기 훼손죄, 모독죄로 처벌해야 할까요?

1984년 미국 텍사스 주에서 실제 국기를 훼손하는 사건이 있었어요. 당시 텍사스 주 댈러스에서는 공화당 전당 대회가 열리고 있었어요. 1980년 미국 대선에서 공화당 대통령 후보로 나와 대통령에 당선된 레이건은 재선을 결심했고, 공화당은 레이건을 공화당 대통령 후보로 재신임하는 대회를 열었어요. 하지만 미국 국민 모두가 레이건과 공화당을 지지하는 것은 아니었어요. 레이건과 공화당의 정책에 반대했던 사람들은 공화당 전당 대회가 열리고 있던 댈러

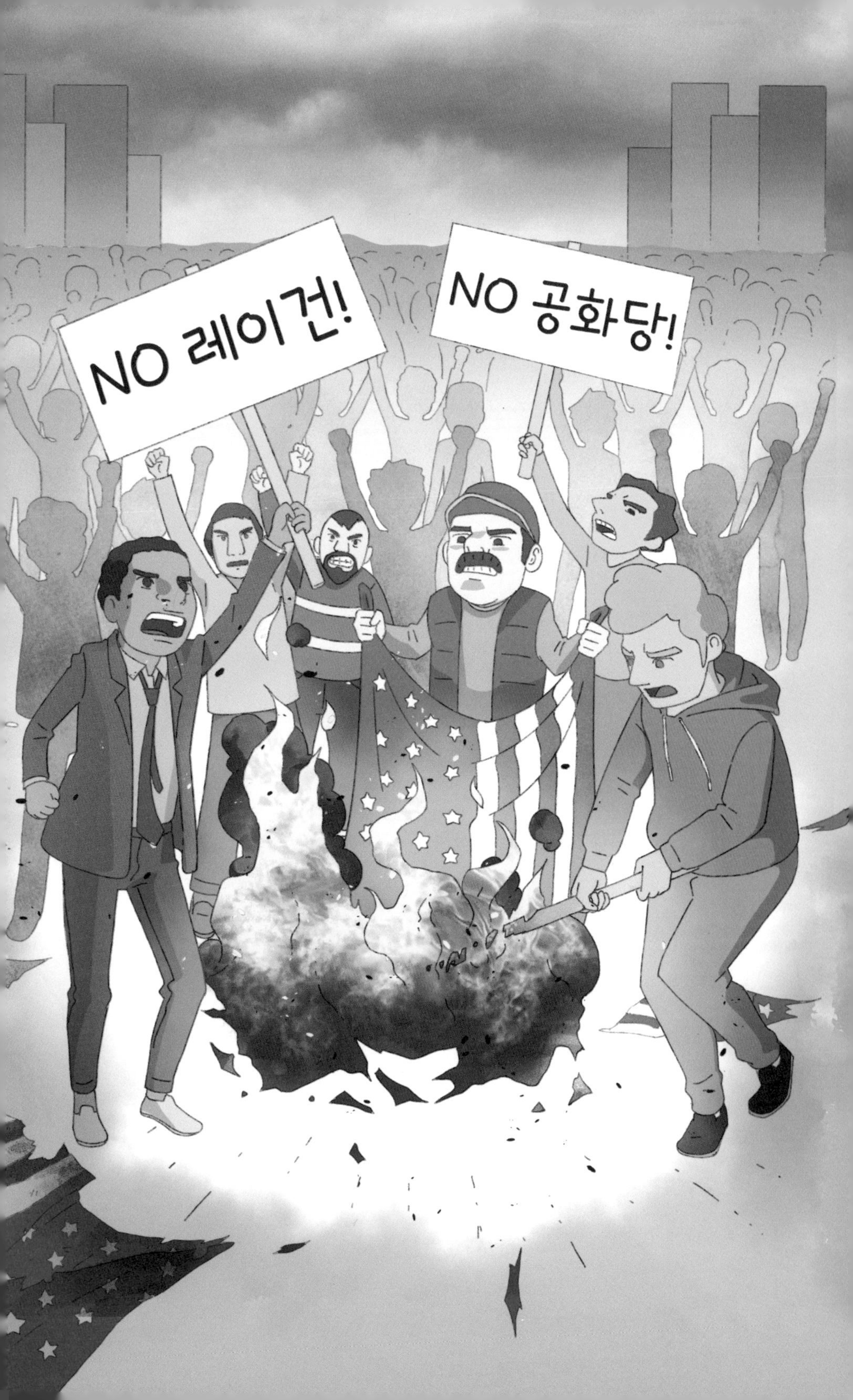
NO 레이건!
NO 공화당!

스에서 항의 집회를 열고 댈러스 시청까지 행진을 벌였어요.

항의 행진 도중 그레고리 존슨이라는 사람은 동료들과 함께 성조기를 불태우는 일을 저지르고 말았어요. 그의 행동은 실수가 아닌 정부의 정책에 반대한다는 뜻을 전달하기 위해 고의로 국기를 훼손한 행동이었지요. 당시 텍사스 주 법률은 국가 상징물에 대한 모독 행위를 금지하고 있었어요. 텍사스 주 정부는 곧바로 존슨을 국가 상징물 모독죄로 고소했고, 존슨은 재판에서 유죄 판결을 받았어요.

존슨은 곧바로 항소했어요. 항소 법원은 미합중국 수정 헌법 제1조를 근거로 존슨에게 무죄를 선고했어요. 수정 헌법 제1조는 "연방의회는 국교를 정하거나 자유로운 신앙 행위를 금지하는 법률을 제정할 수 없다. 또 언론, 출판의 자유, 집회의 자유 및 불만 사항을 구제하기 위하여 정부에 청원할 수 있는 권리를 제한하는 법률을 제정할 수 없다"고 규정하고 있어요. 수정 헌법 제1조는 쉽게 말해 개인 표현의 자유를 보장해야 한다는 내용이에요.

항소 법원에서 존슨에게 무죄를 선고하자 텍사스 주 정부는 이에 불복하여 이 사건을 연방대법원에 상고(2심 판결에 불복하여 3심 법원에 상소하는 것)했어요. 연방대법원의 판결은 최종심이기 때문에 여기에서의 판결은 곧 사건의 종결을 의미해요.

존슨 측은 텍사스 주의 국가 상징물 모독죄가 수정 헌법 제1조에서 보장하고 있는 개인 표현의 자유를 침해하고 있기 때문에 위헌이라고 주장했어요. 텍사스 주 정부는, 국기 훼손은 사람들을 불편하게 하여 폭력을 불러올 수도 있고, 국기는 신성한 국가의 상징물이기 때문에 충분히 보호받을 가치가 있다고 주장했어요. 1989년 연방대법원은 양측의 의견을 면밀히 검토하여 최종 판결을 내렸어요. 결과는 대법관 5 대 4의 선택으로 존슨의 손을 들어주었어요. 연방대법원도 수정 헌법 제1조를 근거로 들어 어떤 경우라도 개인 표현의 자유를 제한해서는 안 된다고 판단했어요.

연방대법원이 이런 판단을 내린 가장 중요한 관점은 개인 표현의 자유였어요. 대법원은 자신의 불만 사항을 충분히 자유롭게 표현할 수 있다는 것이 수정 헌법 제1조의 진정한 의미라고 보았고, 존슨이 국기 훼손을 통하여 레이건과 공화당의 정책에 반대한다는 자신의 의견을 표현한 거라고 본 거예요. 또한 텍사스 주 정부가 주장한 폭력을 유발한다는 의견에 대해서도 연방대법원은 존슨의 행위로 그 어떤 폭력도 일어나지 않았고, 존슨의 행동은 공공질서를 훼손한 행동도 아니라고 판단했어요.

연방대법원은 그렇다고 아무런 이유 없이 일부러 국기를 훼손하는 행동은 금지되어야 한다고 밝혔어요. 존슨은 아무런 이유 없이 일부러 국기를 훼손한 것이 아니라 충분한 이유를 들어 자신을 표현했기 때문에 죄가 아니라고 판단했던 거예요. 미국은 자유 민주주의 국가이고, 미국의 국기는 그런 자유를 상징하는 것이며, 국기 훼손의 자유도 그 자유에 포함된다는 것이 연방대법원의 최종 판단이었어요.

## 이의(다른 의견) 있어요!

국가 상징물을 훼손한 것에 대한 연방대법원의 판결은 존슨의 승리로 끝났지만 5 대 4의 결과가 말해 주듯이 존슨에 반대하는 의견도 만만치 않았어요.

대법관 9명 중 4명은 존슨의 유죄를 주장했기 때문이에요. 결과적으로는 대법관 1명의 의견이 승패를 갈랐기 때문에 이 사건 판결에 대해서는 말이 많을 수밖에 없었지요.

4명의 대법관은 성조기가 200년 이상 미국을 상징하는 특별한 지위를 누렸기 때문에 이를 불태우는 행위는 당연히 금지되어야 한다고 주장했어요. 국기만큼 국가를 상징하는 것은 없으며, 모든 사람들이 보편적으로 존경하는 상징물을 훼손하는 것은 범죄라고 판단했어요. 또 이들은 미국의 거의 모든 주(정확하게는 48개 주)에서는 공공장소에서 국기를 훼손하는 것을 법으로 금지하고 있는데, 이 법이 수정 헌법 제1조에 어긋난다고 판결한 것은 옳은 판단이 아니라고 보았어요.

이들은 또 개인 표현의 자유는 보장되고 보호받아야 하지만 그것이 절대적인 것은 아니라고 주장했어요. 상황에 따라서는 표현의 자유가 제한되어야 한다고 보았어요. 즉, 상대방을 모욕하는 말이나 피해를 주는 행동은 간혹 폭력적인 상황을 불러오기 때문에 당연히 금지되어야 하며, 국기 훼손이 바로 그런 상황이라고 주장했어요. 4명의 대법관은 혼자 있을 때 국기를 훼손하는 것은 상관없지만 공공장소에서 국가 상징물인 국기를 훼손하는 것은 공공질서를 해칠 우려가 있기 때문에 당연히 제한해야 한다고 주장했던 거예요.

국기에 대해 국민들이 느끼는 존경심과 신성함은 국가가 강요해서 생긴 것이 아니고, 오랜 세월 이어오면서 저절로 생긴 감정이에요. 텍사스 주를 포함하여 많은 주에서는 그런 국민들의 존경심을 고려하여 국기 훼손을 금지하는 법률을 만들었어요. 따라서 텍사스 주에서 법률로 정한 국가 상징물 모독죄는 합당한 법률이며, 존슨의 행위는 당연히 국가 상징물 모독죄에 해당한다고 볼 수 있어요.

# 소송을 바라보는 눈

여러분은 연방대법원의 판결이 정당하다고 생각하나요? 어떤 사람은 정당한 판결이라고 생각할 수도 있고, 어떤 사람은 잘못된 판결이라고 생각할 수도 있을 거예요. 판결 결과에서 나타나듯이 연방대법원도 5 대 4라는 아주 근소한 차이로 결정을 내렸으니까요. 그런 의미에서 보면 국기 훼손에 대한 연방대법원의 판결은 어느 한쪽의 손을 들어주었다기보다는 많은 분란을 야기했다고도 볼 수 있어요.

실제 판결이 난 후 미국 정부와 의회는 연방대법원의 판결을 비난하고 나섰어요. 연방대법원의 판결에 대해 행정부와 입법부가 함께 비난을 한 것은 매우 이례적인 일이었어요. 미국 의회는 연방대법원의 판결에 반대하며 국기를 보호해야 한다는 일명 '국기 보호법'을 제정하기에 이르렀어요. 하지만 연방대법원은 의회가 제정한 이 법마저 똑같은 이유를 들어 위헌 판결을 내렸어요.

이후에도 시민단체와 행정부는 수차례 국기를 보호해야 한다는 내용을 헌법에 넣으려고 시도했지만 실패하고 말았어요. 연방대법원은 성조기가 상징하는 자유의 의미 속에 그 성조기를 불태울 수 있는 자유도 포함된다고 보았기 때문이에요. 국기 훼손에 대한 연방대법원의 판결 중 가장 핵심적인 부분은 국기 훼손에 대한 정당한 이유의 유무였어요. 즉, 아무런 이유 없이 국기를 훼손하는 것은 금지되어야 한다고 보았고, 판결에서도 그 부분을 언급했어요. 연방대법원은 존슨의 행위에는 정당한 이유가 있었기 때문에 국가 상징물 모독죄가 아니라고 판단한 거예요.

연방대법원의 판단처럼 정당한 이유만 있다면 언제든지 국가 상징물인 국기를 훼손해도 될까요? 이 질문에 대해서는 조금 다른 생각을 해 볼 수도 있어요.

오늘날 국기는 국가 상징물인 동시에 국가 그 자체라고 생각할 수 있어요. 국가 그 자체의 의미를 지닌 국기를 정당한 이유가 있다고 하여 훼손해도 되는 것일까요? 그렇지 않다고 생각하는 사람들이 많을 거예요. 왜냐하면 국가 그 자체의 의미를 지닌 국기를 훼손하는 것은 곧 자신의 나라를 훼손하는 행위가 되기 때문이지요.

자유 민주주의 국가라고 하더라도 무한대의 자유를 누릴 수는 없어요. 자유에는 반드시 책임이 따르기 때문이지요. 표현의 자유도 마찬가지예요. 개인 표현의 자유는 존중받아야 하겠지만 그에 따른 책임도 분명 존재하니까요. 그럼에도 불구하고 국기 훼손에 대한 연방대법원의 판결은 당시로서는 매우 이례적인 결과였고, 개인 표현의 자유가 얼마나 소중하고 가치 있는 것인지 다시 한 번 생각하게 하는 사건이었어요.

# 국기에 대하여

한 국가의 전통과 이상을 특정한 모양과 색으로 나타낸 국기는 국가의 권위와 존엄을 상징해요. 넓은 의미에서 보면 국기는 고대 부족 국가 때 사용된 집단의 깃발을 그 기원으로 볼 수 있지만, 오늘날처럼 국기가 국가를 상징하게 된 것은 프랑스 혁명(1789년) 때 삼색기(파랑, 흰색, 빨강)를 사용한 이후라고 볼 수 있어요. 프랑스 혁명 후 유럽의 근대 국가들은 프랑스의 삼색기를 모방하여 나름의 국기를 사용했어요.

오늘날 모든 나라의 국기는 대부분 직사각형 형태를 취하고 있는데, 네팔은 특이하게 삼각형 2개를 톱날처럼 겹쳐 놓은 모양이고, 또 바티칸시국과 스위스는 정사각형 형태를 취하고 있어요. 거의 모든 나라가 직사각형 모양을 취하고 있지만 그 비율은 나라마다 달라요. 우리나라의 태극기는 가로와 세로가 3 대 2의 비율인데, 이 비율은 가장 많은 나라가 사용하고 있어요.

국기에 사용하는 색상도 나라마다 조금씩 차이가 있어요. 예를 들어 미국 국기에 사용된 빨강과 프랑스 국기에 사용된 빨강, 영국 국기에 사용된 빨강이 조금씩 차이가 있다는 뜻이에요. 옛날에는 사용하는 염료에 따라 색상의 차이가 있었지만 오늘날에는 나라마다 국기에 사용되는 색상을 법으로 정해 놓은 경우가 많아요.

　우리나라의 국기인 태극기는 언제 처음 사용되었을까요? 우리나라는 1882년 박영효가 일본에 수신사로 가면서 태극 도안의 기를 사용한 것을 국기 사용의 기원으로 보고 있어요. 태극 도안의 태극기가 국기로서 공식화된 것은 이듬해인 1883년이에요. 하지만 1883년 당시에는 태극기에 대한 규격이나 형태에 대해 정확한 규정이 마련되지 않았어요. 태극기에 대한 문양과 규격이 결정된 것은 대한민국 정부 수립 후인 1949년이고, 이것이 현재 우리가 사용하고 있는 국기예요.

　우리나라의 국기인 태극기는 흰색 바탕에 가운데 태극 문양과 네 모서리에

▲ 우리나라의 국기 태극기

건곤감리 4괘로 구성되어 있어요. 흰색은 밝음과 순수, 평화를 사랑하는 우리의 민족성을 의미해요. 가운데 태극 문양은 음(파랑)과 양(빨강)의 조화를 상징하고, 음과 양의 상호작용에 의해 생성·발전한다는 대자연의 진리를 형상화한 거예요.

네 모서리의 4괘는 음과 양이 서로 변화하고 발전하는 모습을 구체적으로 표현한 것인데 그 가운데 건괘는 우주 만물 중에서 하늘을 상징하고, 곤괘는 땅을, 감괘는 물을, 이괘는 불을 상징해요. 이들 4괘는 태극을 중심으로 통일의 조화를 이루고 있어요.

그렇다면 우리나라에서는 국기를 훼손하면 어떻게 될까요?

미국의 연방대법원은 국기 훼손에 대해서 무죄를 판결했지만 우리나라에서는 국기 훼손을 범죄로 규정하고 있어요. 우리나라는 형법 제3장 제105조에서 "대한민국을 모욕할 목적으로 국기를 손상, 제거 또는 오욕(명예를 더럽히고 욕되게 함)한 자는 5년 이하의 징역이나 금고, 10년 이하의 자격 정지 또는 700만 원 이하의 벌금에 처한다"고 규정하고 있어요. 또 형법 제106조에서는 "대한민국을 모욕할 목적으로 국기를 비방한 자는 1년 이하의 징역이나 금고, 5년 이하의 자격 정지 또는 200만 원 이하의 벌금에 처한다"고 규정하고 있어요.

# 7.

## 자살 및 안락사를 돕는 행위는 범죄인가, 선한 행동인가?

① 소송 시기: 1994년

② 소송을 제기한 사람: 해롤드 글럭스버그 외 6명

③ 소송을 당한 사람: 워싱턴 주 정부

④ 판결 시기: 1997년(미국 연방대법원)

⑤ 판결: 자살 및 안락사를 돕는 행위를 불법으로 규정한 워싱턴 주의 법률은 정당하다.

▲ 세계 최초로 안락사를 합법화한 나라는 네덜란드이고 그 뒤를 이어 벨기에, 룩셈부르크, 스위스, 콜롬비아, 캐나다 등이 합법화했다.

# 소송 내용과 판결

인간의 생명은 그 어떤 것과도 비교될 수 없으며, 가장 귀한 존재로 여겨지고 있어요. 범죄 중에서도 생명을 해치는 행위를 가장 큰 범죄로 규정하고 있는 것은 그만큼 인간의 생명이 소중하다는 것을 의미하지요. 그런데 생명에 대해 조금 다른 생각을 갖고 있는 사람도 있어요. 스스로 생명을 끊는 행위, 즉 자살하는 사람이 대표적이에요. 자살은 범죄 행위에 해당되는 것은 아니지만 고귀한 생명을 가볍게 볼 수 있다는 의미에서 사회적으로 문제가 되기도 하지요.

생명을 끊는 행위와 관련하여 자살보다 더 사회적인 문제가 되는 경우가 몇 가지 있어요. 자살 방조(곁에서 도와줌), 안락사, 존엄사가 그런 경우들이에요. 넓은 의미로 생각하면 안락사나 존엄사도 자살 방조라고 볼 수 있지만 각각의 의미는 조금 차이가 있어요.

자살 방조는 '좀 더 적극적으로 자살을 돕는다'는 의미가 강한 말이에요. 자살 방조 문제는 오랫동안 논란이 되어 왔어요. 그런 행동을 범죄로 볼 것인지, 아닌지 판단하기 어려웠기 때문이에요.

안락사는 '극심한 고통을 받고 있는 불치병에 걸린 환자에 대하여, 본인 또는 가족의 요구에 따라 고통이 적은 방법으로 생명을 단축하는 행위'를 말해요. 안락사는 고통 없는 편안한 죽음을 위해 하는 것이에요.

존엄사는 '인간으로서 지녀야 할 최소한의 품위를 지키면서 죽을 수 있게 하는 행위'를 말해요. 존엄사는 환자가 회복 불가능한 상태가 되었을 때 생명을 연장하기 위한 치료를 거부하고 자연적 죽음에 이르게 하는 것이에요. 흔히 존엄사는 '소극적인 안락사'라고 부르기도 해요.

조금 더 쉽게 정리하면 안락사는 약물 투여 등의 방법으로 고통 없는 편안한 죽음에 이르게 하는 것이고, 존엄사는 생명을 연장하는 치료를 거부하여 자연적 죽음에 이르게 하는 행위예요. 이런 의미에서 보면 존엄사보다는 안락사가 자살 방조의 의미에 더 가까운 말이라고 할 수 있지요. 안락사와 존엄사의 의미는 조금 다르긴 하지만 많은 경우에 비슷한 개념으로 사용되기도 해요.

자살 방조에 관한 대표적인 인물로는 미국의 잭 케보키언을 들 수 있어요. 그는 '죽음의 의사'라는 별칭을 얻을 정도로 많은 환자들의 안락사를 도운 의사였어요. 케보키언은, 인간은 스스로 목숨을 포기할 권리가 있다고 주장하면서 1990년대부터 불치병에 걸린 환자들을 대상으로 자살에 관한 상담을 진행했고, 이후 많은 사람들의 안락사를 도왔어요.

미국 미시간 주 정부는 케보키언의 안락사가 살인죄나 자살 방조죄에 해당된다며 여러 번 기소했어요. 하지만 그때마다 케보키언은 풀려났어요. 왜냐하면 그때까지 미시간 주에서는 자살 방조를 범죄로 규정하는 법령이 없었기 때문이에요.

또 케보키언이 직접 자살 방조를 했다는 증거도 없었어요. 케보키언은 환자들이 스스로 독극물을 주사하여 죽을 수 있는 기계만 만들어 놓고, 환자 스스로 독극물을 주입해서 죽을 수 있도록 했어요. 그러니까 케보키언은 기계만 만들었을 뿐이고, 직접적인 자살 방조는 하지 않았기 때문에 기소할 수 없었던 거예요.

당시 미국의 모든 주가 자살 방조에 관한 법률이 없었던 것은 아니었어요. 워싱턴 주에서는 자살 방조를 불법으로 규정하는 법률이 있었어요. 이 법률 때문에 워싱턴 주에서는 안락사를 쉽게 할 수 없었고, 불치병에 걸린 환자들과 그를 도우려는 의사들은 불만이 많았어요. 결국 1994년 해롤드 글럭스버그 박사를 대표로 몇 명의 의사와 불치병에 걸린 환자들이 워싱턴 주를 상대로 소송을 제기했어요.

글럭스버그는 수정 헌법 제14조를 근거로 들며 워싱턴 주의 자살 방조를 불법으로 규정한 법률이 개인의 자유(스스로 죽을 권리)를 침해했기 때문에 위헌이라고 주장했어요. 수정 헌법 14조는 총 5개 항으로 구성되어 있는데, 그 첫 번째 항에서는 "미국에서 태어나거나 귀화한 사람 및 그 사법권에 속하게 된 사람 모두가 미국 시민이며, 어떤 주도 미국 시민의 특권 또는 면책 권한을 제한하는 법을 만들거나 강제해서는 안 되며, 또한 어떤 주에서도 법의 적정 절차 없이 개인의 생명, 자유 또는 재산을 빼앗아서는 안 된다"고 규정하고 있어요.

글럭스버그의 이런 주장에 대해 워싱턴 주 정부는 인간의 생명을 보호하는 것은 주 정부의 가장 큰 책임이며, 생명 존중은 미국의 역사이자 전통이라며 반박했어요. 1심 법원은 자살 방조를 불법이라고 규정한 워싱턴 주의 법률을 위헌이라고 판결하면서 글럭스버그의 손을 들어주었어요. 워싱턴 주 정부는 곧바로 항소했지만 2심 법원도 1심과 마찬가지로 글럭스버그의 손을 들어주었어요.

그러자 워싱턴 주 정부는 연방대법원에 즉각 상고했어요. 연방대법원은 1997년 1심과 2심 판결과는 달리 대법관 전원 일치 판결로 워싱턴 주 정부의 손을 들어주었어요. 즉, 자살 방조를 불법으로 규정한 워싱턴 주 정부의 법률은 합헌이라는 결정을 내린 거예요.

연방대법원은 어떻게 1심과 2심의 판결과는 정반대의 판결을 내렸을까요? 연방대법원은 워싱턴 주의 법률(자살 방조를 불법으로 규정)이 수정 헌법 제14조를 위반하지 않았다고 판단했기 때문이에요.

연방대법원은, 자살 방조를 금지하는 정책은 인간의 생명 보호에 대한 국가의 가장 중요한 의무이기 때문에 국가는 인간의 생명을 보호하는 일에 반드시 개입해야 된다고 판단했어요. 또 자살 방조 금지 법률이 수정 헌법 제14조의 개인의 자유를 침해했다고 주장한 것에 대해서도 관련이 없다고 보았어요. 누군가의 도움을 받아 스스로 죽겠다는 권리는 헌법이 보호하려는 개인의 자유와는 별개의 문제라고 판단한 거예요.

## 이의(반대 의견) 있어요!

안락사 문제는 연방대법원에서 대법관 전원 일치 판결로 불법으로 규정되었어요. 전원 일치 판결이 나왔기 때문에 안락사 문제는 워싱턴 주 정부의 완벽한 승리라고 볼 수 있지만 현실에서는 그렇지도 않았어요. 많은 사람들이 안락

사를 원하고 있었기 때문이에요.

연방대법원에서 전원 일치 판결이 나왔으므로 안락사에 대해 반론의 여지가 없을 것으로 생각하겠지만 1심과 2심 판결을 주목할 필요가 있어요. 1심과 2심 법원에서는 워싱턴 주의 자살 방조 금지 법률을 위헌이라고 결정했어요. 1심과 2심 법원의 판결로 인해 안락사 문제는 더 많이 논란의 중심에 설 수밖에 없었어요.

1심 판결과 2심 판결은 개인의 자유에 더 우위를 둔 판결이었고, 연방대법원의 판결은 인간의 생명에 더 우위를 둔 판결이었다고 볼 수 있어요. 연방대법원은 생명 그 자체가 가장 고귀하고, 가장 가치 있는 것으로 본 거예요. 그 어떤 개인의 자유도 가장 고귀한 생명의 가치를 훼손할 수는 없다고 판단한 거지요.

반대로 1심과 2심 법원은 생명이 아무리 고귀하고 가치 있다 하더라도 우리 인간은 자신의 생명을 스스로 결정할 자유가 있다고 본 거예요. 마치 이것은 달걀이 먼저냐, 닭이 먼저냐의 문제처럼 어느 한쪽의 손을 들어주기 쉽지 않은 문제예요. 자기 결정권과 생명, 두 가지 모두가 우리 인간에게는 중요하기 때문이지요.

미국의 연방대법원은 생명의 가치를 더 우위에 두고 판단을 내렸지만 현재까지도 안락사 문제는 세계적으로 논란의 중심에 서 있어요. 안락사를 찬성하는 사람들의 가장 대표적인 주장은, 인간에게는 품위 있게 죽을 권리가 있다는 거예요. 뇌사 상태에 빠져 있는 환자들이나 불치병에 걸린 사람들은 삶에 대해 희망이 없는 사람들이에요. 그것은 살아도 살아 있는 것이 아니고, 그들에게 삶은 고통이라고 볼 수 있어요. 삶의 고통을 덜어 주어 스스로 품위 있는 죽음을 선택하게끔 도와주는 행위는 정당하다는 생각이지요.

또 안락사에 찬성하는 사람들은 경제적인 부담을 큰 요인으로 뽑고 있어요. 불치병에 걸린 환자의 가족들은 심각한 경제적 위기에 직면할 수 있어요. 이는 불치병에 걸린 환자의 생명을 지키려다 멀쩡한 사람들의 생명이 위기에 처할 수도 있다는 이야기에요.

만약 국가가 안락사를 불법으로 규정한다면 그에 대한 책임까지 질 필요가 있어요. 안락사를 불법으로 규정해 놓고 그에 대한 책임은 회피한다면 그건 무책임한 정책이라고 볼 수 있어요. 그런데 불치병에 걸린 환자를 국가가 책임지는 것도 쉬운 문제는 아니에요. 왜냐하면 국가 또한 과도한 재정 부담에 시달리게 되기 때문이에요. 안락사를 찬성하는 사람들은 이런 재정 부담 때문에라도 안락사는 반드시 허용되어야 한다고 주장하는 거예요.

안락사를 찬성하는 사람들은 인간으로서 기본적인 활동도 하지 못하는 환자들이 의료기기의 도움을 받아 생명을 연장하는 것은 아무 의미도 없다고 주장하고 있어요. 조금 극단적으로 말하면 이것은 마치 죽은 동물에게 썩지 않는 약물을 주입하여 오랫동안 보존하는 것과 비슷한 것이라고 볼 수 있어요. 따라서 인간으로서의 삶을 영위할 수 없다면 그 삶은 고통일 뿐이기 때문에 그 사람의 고통을 덜어 주는 행위가 필요하다고 보는 거예요.

## 소송을 바라보는 눈

연방대법원의 판결로 워싱턴 주에서는 더 이상 안락사나 존엄사를 시행할 수 없었어요. 그렇다면 미시간 주에서 안락사를 도운 케보키언 박사는 어떻게 되었을까요? 결론을 먼저 말하면 케보키언 박사는 1998년 살인죄가 적용되어 유죄 판결을 받고 교도소에 수감되었어요.

　미시간 주에는 자살 방조를 금지하는 법률이 존재하지 않았는데 케보키언은 어떻게 유죄 판결을 받았던 것일까요? 그것은 케보키언 박사가 방송 인터뷰 도중에 자신이 만든 안락사 기계로 환자가 직접 죽는 장면을 내보냈기 때문이었어요. 미시간 주 정부는 그동안 케보키언이 직접적으로 안락사에 관여하지 않았다고 주장해서 기소를 하지 못했는데, 그러한 장면을 방송으로 내보냈기 때문에 2급 살인죄를 적용하여 체포할 수 있었어요.(케보키언 박사는 복역 중 건강 악화로 인해 2007년 가석방 되었고, 2011년 사망했음)

　연방대법원의 판결과 케보키언 박사의 유죄 판결 이후 한동안 안락사 문제는 수면 아래로 조용히 가라앉아 있었어요. 그런데 2006년 연방대법원의 판결은 안락사와 존엄사의 문제를 다시 한 번 논란의 중심에 서게 했어요.

　오리건 주는 1997년부터 미국에서 유일하게 불치병에 걸린 환자가 희망할 경우 의사가 독극물을 처방할 수 있는 '존엄사법'을 시행했어요. 그러자 연방 정부는 오리건 주의 존엄사법이 헌법에 위배될 수 있다며 연방대법원에 소송을 제기했어요.

　연방대법원은 2006년 오리건 주의 존엄사법이 헌법에 결코 위배되지 않는다는 판결을 내렸어요. 그리고 존엄사법의 제정 여부는 각 주의 자치에 맡겨야 한다는 의견을 제시했어요. 연방대법원의 판결 이후 2008년 미국에서는 두 번째로 워싱턴 주가 존엄사 법을 통과시켰어요. 하지만 케보키언 박사가 활동한 미시간 주는 아직까지도 존엄사를 허용하지 않고 있어요.

　스스로 목숨을 끊는 자살에 대해 긍정적으로 보는 사람은 많지 않을 거예요. 생명의 고귀함과 존엄성을 알기 때문이지요. 하지만 고대 시대에 자살은 상황에 따라서 아주 당연한 선택이 되기도 했어요. 특히 전쟁터에서 자살은 자신의 존엄을 지키는 아주 의식적인 행동이었어요. 어차피 적국에게 붙잡혀 고통스럽게 죽음을 맞을 바에는 스스로 존엄하게 생을 마감하는 것이 더 현명한 선택이었기 때문이지요.

현대에도 자살은 자신의 결백함을 나타내는 가장 강력한 무기가 되곤 했어요. 억울하게 누명을 썼을 때나 자신의 의도와는 전혀 다른 상황이 발생했을 때, 그리고 모든 사람이 자신을 믿어주지 않을 때 자살은 결백함을 주장하는 가장 강력한 방법 중 하나였어요. 하지만 자살을 긍정적으로 바라보는 사람은 거의 없어요. 왜냐하면 생명의 고귀함을 모두가 인정하고, 죽으려는 의지보다는 살려는 의지가 더 중요하며 가치 있는 것이라고 생각하기 때문이지요.

그렇다면 자살 방조의 문제는 어떨까요? 이 문제에 대해서는 사람들의 의견이 분분해요. 나름대로 이유를 들어 찬성과 반대를 주장하지요. 그러한 까닭에 연방대법원도 각 주의 자치에 맡겨야 한다는 판결을 내렸을 거예요.

1997년과 2006년 연방대법원의 판결이 서로 다르게 나타난 것은 자살 방조에 대한 현실적인 문제가 얼마나 크게 작용하고 있는지 알 수 있는 반증이기도 해요.

여러분은 자살 방조에 대해 어떤 생각을 갖고 있나요? 찬성하나요, 반대하나요?

여기서 한 가지, 자살 방조에 찬성한다고 해서 생명의 고귀함과 존엄을 무시하는 것이 아니라는 것을, 자살 방조에 반대한다고 해서 생명의 고귀함만을 강조하는 것은 아니라는 것을 분명히 알고 있었으면 좋겠어요.

자살 방조 문제를 계기로 생명에 대한 고귀함을 더욱 높이게 되고, 앞으로 개인의 자유 의지 또한 더욱 존중받는 사회가 되었으면 하는 바람이에요.

# 현재 안락사를
# 허용하고 있는 국가

현재 안락사를 법적으로 허용하고 있는 나라는 많지 않아요. 아직까지는 많은 나라가 자기 결정권보다 생명의 가치에 더 우위를 두고 있다는 반증이지요.

세계 최초로 안락사를 합법화한 나라는 네덜란드예요. 네덜란드는 2002년 세계 최초로 안락사를 합법화했고 네덜란드의 뒤를 이어 벨기에, 룩셈부르크, 스위스, 콜롬비아, 캐나다 등이 합법화했어요. 그러니까 현재까지 안락사를 합법화한 나라는 6개 나라에 불과해요.

미국의 경우 각 주마다 법령이 다르기 때문에 안락사를 합법화한 나라라고 볼 수는 없어요. 미국의 50개 주 가운데 현재 안락사를 합법화한 주는 5개 주에 불과해요.

미국에서 가장 먼저 안락사를 허용한 오리건 주를 비롯하여 워싱턴 주, 몬태나 주, 버몬트 주, 캘리포니아 주가 안락사를 허용하고 있어요. 6개 국가와 미국의 5개 주는 불치병에 걸린 환자가 자발적 의지를 갖고 안락사를 원할 경우 독극물 주사나 의사의 도움을 받아 품위 있게 죽을 수 있는 권리를 인정하고 있어요.

안락사를 허용하고 있는 나라는 자국민에 대해서만 그 법률을 적용하고 있지만 스위스의 경우에는 외국인에게도 안락사를 허용하고 있어요. 그런 까닭에 안락사를 희망하는 많은 환자들이 스위스로 건너가고 있다고 해요.

우리나라에서는 현재 안락사를 허용하고 있지 않지만 존엄사에 대해서는 2018년 2월부터 시행하고 있어요. 우리나라가 시행하고 있는 존엄사에 관한 정식 법령은 '호스피스·완화 의료 및 임종 과정에 있는 환자의 연명 의료 결정에 관한 법'이에요. 일명 '웰다잉법'이라고도 불러요. 2016년 1월 국회에서 통과되어 2년의 유예 기간을 거친 후 시행되었어요.

우리나라에서 이 법이 통과된 데에는 '김 할머니 사건'이 많은 영향을 미쳤어요. 김 할머니는 2008년 2월 폐암 조직 검사를 받다가 과다 출혈로 식물인간이 되었어요. 김 할머니의 가족들은 무의미한 연명 치료를 중단하고, 할머니가 품위 있게 죽게 해 달라고 병원 측에 요청했어요. 하지만 병원 측은 가족들의 요청을 거부했고, 이에 가족들은 소송을 제기했어요.

1심과 2심은 가족들의 손을 들어주었고, 2009년 5월 21일 대법원도 가족들의 손을 들어주었어요. 대법원은 "회복 불가능한 사망 단계에 이른 후에 환자가 인간으로서의 존엄과 가치 및 행복 추구권에 기초하여 자기 결정권을 행사하는 것으로 인정되는 경우에는 특별한 사정이 없는 한 연명 치료의 중단이 허용될 수 있다"고 판결했어요.

대법원의 판결이 있고 난 뒤 2009년 6월 23일 병원은 김 할머니의 인공호흡기를 제거했고, 김 할머니는 인공호흡기 제거 후에도 201일을 더 살다가 2010년 1월 10일 사망했어요.

김 할머니 사건 이후 존엄사에 관한 사회적 관심과 토론이 활발하게 이루어졌고, 결국 2016년 1월 국회에서 존엄사에 관한 법이 통과되었어요. 이 법은 "회생 가능성이 없고, 급속도로 증상이 악화돼 사망에 임박해 있고, 치료해도 회복되지 않는 환자를 대상으로 심폐소생술, 혈액 투석, 항암제 투여, 인공호흡기 착용 등 4가지 연명 의료를 중단할 수 있다"는 내용을 담고 있어요.

이 법을 적용받기 위해서는 임종을 앞둔 환자가 생전에 연명 의료를 원치 않는다는 내용을 명확히 밝혀 두거나 가족 2인 이상이 평소 환자의 뜻을 확인해 주어야 해요. 만약 환자의 의사를 확인할 수 없을 경우에는 가족 전원의 합의가 있으면 돼요. 미성년자의 경우에는 법적 대리인이 대신 결정할 수 있어요.

# 제3장

# 너에게 난,
# 나에게 넌?

## 편견과 차별에 관한 재판

# 8.

# 흑인 노예는 영원히
# 노예로 살아야 하는가?

① 소송 시기: 1846년

② 소송을 제기한 사람: 드레드 스콧

③ 소송을 당한 사람: 에머슨 아이린(나중에 존 샌포드로 바뀜)

④ 판결 시기: 1857년(미국 연방대법원)

⑤ 판결: 드레드 스콧은 연방 헌법에 따른 시민권자가 아니며, 노예이기 때문에 소송을 낼 자격조차 없다.

©4kclips/Shutterstock.com

◀ 미국 미주리 주에 있는 드레드 스콧과 그의 아내의 동상. 노예 해방을 주장한 드레드 스콧의 소송은 미국의 노예 제도 폐지에 결정적인 역할을 했다.

# 소송 내용과 판결

'흑인 노예였던 드레드 스콧은 노예인가, 자유 시민인가?'

지금 시각에서 보면 이 질문은 매우 어리석은 질문이지요. 왜냐하면 지금은 인종 차별이 공식적으로 없어진 사회이니까요. 물론 전 세계적으로 보면 아직 특수한 지역에서는 인종 차별이 행해지고 있기도 하지만 말이에요.

드레드 스콧이 소송을 냈던 1800년대 중반까지는 노예 제도가 있었고, 많은 노예들이 인간 이하의 삶을 살고 있었기 때문에 노예가 자유 시민이 된다는 것은 쉽지 않은 일이었어요.

오늘날 세계 최강국이라고 하는 미국은 18세기 후반, 독립하기 전까지는 영국의 식민지였어요. 영국은 아메리카 대륙을 식민 지배하기 위해 많은 흑인들을 아메리카 대륙으로 보냈고, 그렇게 보내진 흑인들은 백인들을 위한 노예

생활을 시작했어요.

흑인 노예들은 인간으로서의 모든 권리를 박탈당한 채 오로지 백인들의 재산으로 취급받았고, 자유 의지를 갖고 할 수 있는 일은 아무것도 없었어요. 이렇다 보니 많은 노예들이 고통스러운 삶을 견디지 못하고 도망치기도 했고, 때론 반란을 꿈꾸기도 했어요. 하지만 이런 노예들은 대부분 백인들에게 잡혀 죽거나 끔찍한 고문을 당하기 일쑤였지요.

미국이 영국으로부터 독립하기 위해 전쟁을 벌일 무렵에는 약 50만 명 이상의 흑인 노예들이 생활하고 있었어요. 미국 독립 전쟁 당시 북부 주들은 상공업과 금융업이 발달해서 많은 노예들이 필요하지 않았고, 그런 까닭에 북부 주들은 노예 제도에 부정적인 입장을 취하고 있었어요.

반면 남부 주들은 담배와 목화 등을 재배하며 대규모 농장을 경영하고 있었기 때문에 많은 노예들이 필요했어요. 당연히 남부 주에서는 노예 제도를 지지하는 입장이었지요.

1700년대 후반부터 전 세계적으로 노예 제도에 대한 부정적인 여론이 일어나면서 노예 제도를 폐지하려는 움직임이 일어나고 있었어요. 이런 움직임은 미국에서도 마찬가지였어요. 하지만 독립 전쟁을 치르고 있었던 미국은 전쟁 기간 중에는 노예 문제를 덮어 두기로 결정했어요.

다행스럽게도 미국은 영국으로부터 독립을 쟁취했지만 이제 노예 문제 때문에 남과 북으로 갈라설 운명에 처해졌어요. 북부 주들은 노예 제도 폐지를, 남부 주들은 노예 제도 유지를 주장했기 때문이에요. 더구나 독립 당시 13개 주로 시작한 미국이었지만 아메리카 대륙 서부 지역을 미국 연방에 편입시키면서 연방 주는 점점 늘어났고, 새로 편입된 주들도 노예 제도를 두고 심각한 갈등을 나타내기 시작했어요.

노예 제도를 둘러싸고 북부와 남부가 첨예하게 대립하고 있던 1819년 이미 노예 제도를 시행하고 있던 중부의 미주리 주가 미국 연방에 가입하면서 노예 제도는 다시 한 번 정치적인 이슈가 되었어요.

당시 미국 연방에서는 11개 주가 노예 제도를 반대하고 있었고, 11개 주가 찬성하고 있었어요. 만약 노예 제도를 찬성하고 있는 미주리 주가 연방에 가입하면 노예 제도의 균형이 깨지기 때문에 노예 제도를 반대하고 있던 11개 주로 서는 매우 민감한 문제일 수밖에 없었지요. 다행히 북부의 메인 주가 연방에 가입하면서 노예 제도의 균형은 다시 맞춰졌고, 미국 연방의회는 노예 제도로 인한 갈등을 봉합하기 위해 1820년 '미주리 타협'이라는 법률을 제정했어요.

미주리 타협은 미주리 주를 제외한 북위 36도 30분 위쪽의 모든 지역에서 노예 제도를 금지한다는 법률이에요. 미주리 타협으로 노예 제도를 둘러싼 남과 북의 갈등은 어느 정도 수면 아래로 가라앉았지만 노예 제도는 여전히 언제 터질지 모르는 시한폭탄 같은 존재였어요. 그리고 그 시한폭탄을 처음으로 터뜨린 사람이 흑인 노예였던 드레드 스콧이었어요.

1795년 버지니아 주에서 노예의 아들로 태어난 스콧은 어렸을 때 노예 제도가 있던 미주리 주에서 육군 군의관 존 에머슨 박사의 노예로 일하기 시작했어요. 1833년 에머슨 박사가 일리노이 주에 있는 군부대로 옮겨갈 때 스콧도 따라갔고, 그곳에서 여자 노예와 결혼해 아이까지 낳았어요. 1836년에는 에머슨 박사를 따라 다시 위스콘신 주로 이주했고, 1838년 군에서 퇴역한 에머슨 박사가 고향인 미주리 주로 돌아올 때에도 스콧은 따라왔어요. 스콧이 잠시 거주했던 일리노이 주와 위스콘신 주는 모두 노예 제도가 금지된 지역이었어요.

1843년 에머슨 박사가 사망한 뒤 스콧은 에머슨 박사의 부인인 아이린 에머슨을 위해 열심히 일하며 돈을 모았어요. 스콧은 그 돈으로 노예 신분을 벗어나려는 생각을 갖고 있었어요. 노예 신분을 벗어날 정도의 충분한 금액을 모은 스콧은 아이린에게 돈을 주면서 자유를 달라고 요청했어요. 하지만 아이린은 스콧의 요청을 거절했고, 스콧은 1846년 미주리 주 법원에 소송을 제기했어요.

당시 미주리 주 법에는 노예 제도가 없는 주에 잠시라도 거주한 노예는 자동적으로 자유 시민이 된다는 조항이 있었어요. 이 조항대로라면 스콧은 노예 제도가 없던 일리노이 주와 위스콘신 주에 거주했기 때문에 자유 시민이 되어야 했어요.

스콧이 제기한 소송은 이런저런 법적 문제로 시간을 끌다가 1850년이 되어서야 마무리되었어요. 미주리 주 법원은 그동안의 판례에 따라 스콧이 자유인이라고 판결했어요.

법원이 스콧의 손을 들어주자 아이린은 곧바로 미주리 주 상급 법원에 항소했어요. 그런데 상급 법원은 1852년 1심 판결을 파기하고 스콧이 노예임을 판결했어요.

2심 판결이 끝난 뒤 아이린이 재혼하면서 뉴욕 주에 사는 그녀의 동생 존 샌포드가 에머슨 박사가 남긴 유산의 관리인이 되었어요. 샌포드가 재산 관리인이 되자 스콧은 연방지방법원에 자신은 미주리 주의 시민인데, 다른 주에 사는 샌포드가 부당하게 억류하고 있다며 노예 상태를 풀어 달라는 소송을 제기했어요. 하지만 연방지방법원은 스콧이 노예 신분이라는 것을 인정하는 판결을 내렸어요. 스콧은 이에 굴하지 않고 노예 폐지론자들의 지지를 등에 업고 1856년 사건을 연방대법원까지 끌고 가는 데 성공했어요.

스콧은 노예 제도가 금지된 일리노이 주와 위스콘신 주에 거주했을 때 이미 자신은 노예 신분에서 벗어났다고 주장했어요. 반면 샌포드는 주인이 일 때문에 어쩔 수 없이 노예 제도가 금지된 지역으로 데려가는 경우까지 의회가 간섭하는 것은 개인의 재산 소유권에 대한 침해라고 반박했어요. 또 스콧은 노예이지 미국 시민이 아니기 때문에 연방법원에 소송을 제기할 자격이 없다고 주장했어요.

사건을 접수한 연방대법원은 노예 제도 찬성파와 반대파가 주목하는 가운데 1857년 3월 대법관 7 대 2의 결정으로 샌포드의 손을 들어주었어요. 대법관 7명의 핵심 의견은, 스콧은 연방 헌법상 미주리 주나 연방의 시민이 될 수 없기 때문에 연방법원에 소송을 제기할 자격이 없다는 것이었어요.

연방대법원의 판결은 당시 대법원장이었던 로저 태니가 주도했는데, 그는 '흑인들은 헌법에서 지칭하는 시민 계급에 포함되지 않는다'는 생각을 지니고 있었어요. 드레드 스콧은 시민이 아니기 때문에 미합중국 시민에게 보장하는 헌법상의 권리와 특전 가운데 어느 것도 주장할 수 없다고 판단한 거예요.

그는 또 노예가 된 흑인은 보편적인 상품과 같은 존재이기 때문에 언제든지 사고팔 수 있는 존재라고 판단했어요. 미국 독립 선언서에서 "모든 인간은 동등하게 창조되었고 창조주로부터 생명, 자유, 행복 추구 등 모든 권리를 양도받았다"고 선언하고 있지만 흑인 노예는 그 인간 속에 포함되지 않는다고 주장했어요.

태니 대법원장은 의회가 제정한 미주리 타협에 대해서도 연방 헌법의 보장을 받지 못하기 때문에 무효이며, 따라서 스콧이 노예 제도가 금지된 지역에 거주했다고 하더라도 그것이 곧 자유 시민이 되는 근거는 될 수 없다고 주장했어요. 그는 또 그런 이유로 노예에게 자유를 부여하는 것은 정부가 적절한 보상도 없이 노예 소유주에게서 재산을 강탈하는 것과 같기 때문에 위헌이라고 판단했어요.

# 이의(반대 의견) 있어요!

태니 대법원장의 주도로 대법관 9명 중 7명이 노예 제도를 찬성하는 결정을 내렸지만 2명의 대법관은 7명의 대법관이 법률 문구에 근거하지 않고 개인적인 취향에 따라 판결했다고 비판했어요. 존 맥린 대법관은, 노예는 단순한 재산이 아니며 그들 역시 창조주의 손길이 닿은 인간이고 불멸의 영혼을 가진 존재라고 주장했어요. 7명의 대법관들은 의회가 제정한 미주리 타협을 무효라고 선언하고, 흑인 노예는 시민이 아니라고 주장했지만 그것은 이들이 법률 문구를 제대로 해석하지 않은 데서 나온 잘못된 판단이라고 보았어요.

미합중국의 각 주는 연방 헌법이 보호하는 주권을 가지며, 연방 헌법은 각 주의 법률을 존중해 주어야 할 의무가 있음에도 이를 무시하는 결정을 내린 것은 잘못이라고 보았어요. 2명의 대법관은 스콧이 일리노이 주로 옮겨 갔을 때 그는 자유 시민이 되었고, 시민의 신분이었기 때문에 충분히 연방법원에 소송을 제기할 자격이 있다는 입장이었어요.

다수의 대법관은 흑인 노예가 한 주의 시민이 되었다고 해도 그것이 곧 연방의 시민은 아니기 때문에 연방법원에 소송을 제기할 수 없다고 주장했는데, 이 주장도 법률을 제대로 파악하지 못하고 내린 결정이라고 비판했어요. 연방 헌법에서는 분명 연방 재판권이 다른 주 출신의 시민들 사이에도 행사될 수 있다고 규정하고 있기 때문이에요. 이런 확실한 규정이 있는데도 다수의 대법관들이 스콧을 노예로 인정한 것은 매우 잘못된 결정이라고 비판했어요.

또 태니 대법원장은 독립 선언서에 규정된 인간의 범위에 흑인 노예는 포함되지 않는다고 주장했지만, 정부 수립 당시 뉴잉글랜드 주의 시민 가운데에는 흑인 노예들도 포함되어 있었어요. 그들은 시민의 자격으로 당당히 투표권도 행사했기 때문에 흑인 노예가 인간의 범위에 포함되지 않는다고 말한 태니 대법원장의 주장은 잘못된 것이라고 비판했어요.

존 맥린 대법관은 피부색에 상관없이 모든 노예 제도는 권력에 기인하고 있기 때문에 인간 본연의 권리에 반하는 것이라고 주장했어요. 따라서 미주리 주 상급 법원과 연방대법원이 미주리 타협과 각 주의 법령을 무시하고 내린 결정은 번복되어야 한다고 주장했어요.

## 소송을 바라보는 눈

연방대법원이 노예 제도를 인정하는 판결을 내리자 북부 주들은 연방대법원이 노예 제도를 인정하는 남부 주들의 음모에 놀아났다며 거세게 비난했어요. 반면 노예 제도를 찬성하는 남부 주들은 연방대법원의 판결대로 정부가 더 강력하게 노예 제도를 끌고 가야 한다고 주장했어요.

한편 사건의 당사자인 스콧은 어떻게 되었을까요? 스콧은 판결 후 불과 몇 개월이 지나지 않아 자유의 몸이 되었어요. 소송이 진행되는 동안 아이린 에머슨은 정치가 캘빈 셰피와 재혼했는데, 그는 열렬한 노예 제도 반대론자였어요. 캘빈 셰피는 스콧에게 자유를 주자고 아내를 설득했고, 아이린이 남편의 제안을 받아들임으로써 마침내 스콧은 자유의 몸이 되었어요. 그렇게 꿈에도 그리던 자유를 얻었지만 스콧은 그 자유를 미처 누리지도 못하고 다음해인 1858년 결핵으로 숨지고 말았어요.

스콧의 죽음과 상관없이 연방대법원의 판결은 노예 제도 문제를 둘러싸고 북부 주와 남부 주 간에 첨예한 갈등을 불러일으켰어요. 북부 주들은 연방대법원이 노예 제도를 금지하고 있던 자신들의 정책을 전부 위헌으로 판결할지 모른다고 우려하며 전전긍긍했어요.

북부 주들이 노예 제도 문제로 걱정하고 있을 무렵, 에이브러햄 링컨이 정치권에 혜성처럼 나타났어요. 링컨은 1858년 노예 제도를 금지하고 있던 일리노이 주 상원의원에 도전하면서 "국민의 절반은 노예이며, 절반은 자유인인 상태는 지속할 수 없다"고 선언하며 연방대법원의 스콧 판결은 잘못되었다고 주장했어요.

정치 신인이었던 링컨은 상원의원 선거에서는 낙선했지만 이때부터 전국적인 명성을 얻었고, 1860년 대통령 선거에 출마하여 북부 주민들의 열렬한 찬성으로 대통령에 당선되었어요.

노예 제도를 폐지해야 한다고 강력하게 주장하던 링컨이 대통령이 되자, 남부의 8개 주는 1861년 미국 연방에서 탈퇴하기로 결정했어요. 연방에서 탈퇴한 8개 주는 곧바로 남부 연맹을 조직했고, 이로써 미국은 남북으로 분열되고 말았어요.

링컨은 남부 주들이 노예 제도를 유지하기 위해 연방에서 탈퇴한 것은 부도덕한 의리를 지키려는 매우 부당한 행위이며, 주가 연방을 통해 독립과 자유를 얻었기 때문에 연방에서 탈퇴할 수 없다고 주장했어요. 하지만 남부 주들은 링컨의 주장에 아랑곳하지 않고 1861년 4월 12일 섬터 요새를 공격함으로써 미국 역사상 최대의 비극인 남북 전쟁을 시작했어요. 남북 전쟁은 5년이라는 시간 동안 약 100만 명의 사상자를 냈고, 전쟁의 격전지였던 남부는 상당 부분 폐허가 되고 말았어요.

전쟁 중이던 1862년 링컨은 노예 해방령을 발표했고, 1865년 의회는 노예 제도를 전면 금지하는 수정 헌법 제13조를 통과시켰어요. 링컨의 노예 해방령 덕분에 많은 노예들이 자유를 얻었고, 또 북군을 위해 싸운 결과 남북 전쟁은 북부의 승리로 끝날 수 있었어요.

한편 연방대법원의 드레드 스콧 판결은 후대에 어떤 평가를 받았을까요? 2명의 대법관이 지적했듯이 드레드 스콧 판결은 법률 문구에 의하지 않고 개인적인 취향에 따른 판결이었기 때문에 미국 역사상 최악의 판결로 평가받고 있어요.

나중에 연방대법원장을 지낸 휴즈는 드레드 스콧 판결을 가리켜 '연방대법원이 스스로에게 가한 자해 행위'라고 강도 높게 비난했어요. 또한 드레드 스콧 판결은 지금까지도 잘못된 판단을 내리는 일종의 기준으로 사용되고 있어요. 예를 들어 연방대법원이 내린 판결에 대해 비판하는 경우 '드레드 스콧 판결 이후 최악의 판결'이라는 딱지를 붙이는 식이에요. 하지만 역설적이게도 드레드 스콧 판결은 미국에서 노예 제도가 폐지되는 데 결정적인 기여를 한 판결이었어요.

# 노예 무역과 노예 제도의 역사

노예 제도는 오랜 옛날부터 있었지만 그 노예들을 사고파는 노예 무역이 본격적으로 시작된 것은 신대륙 발견 이후부터예요. 유럽의 강대국들은 신대륙 발견 이후 많은 식민지를 건설했고, 거기에서 일할 노예들이 필요했어요. 네덜란드, 영국, 프랑스, 에스파냐, 포르투갈 등이 모두 그런 나라들이었지요.

특히 영국은 17세기 후반에 영국, 아프리카, 서인도 제도(남과 북 아메리카 대륙 사이에 있는 많은 섬들을 총칭하는 말. 콜럼버스가 아메리카 대륙을 인도의 서쪽 지역이라 생각한 데서 유래된 말)를 연결하는 삼각무역을 통하여 막대한 부를 쌓았어요. 18세기 후반에 영국의 노예 무역선이 190척이나 되었다고 하니, 당시 노예 무역의 규모를 짐작할 수 있지요.

노예 무역이 본격적으로 시작된 16세기부터 노예 무역이 폐지된 19세기 초까지 약 300년 동안 아프리카에서 아메리카 대륙으로 팔려간 노예는 대략 1,500만 명으로 추정하고 있어요. 그런데 실제 아메리카에 도착한 노예는 약 1,200만 명이라고 해요. 약 300만 명의 노예가 노예선 안에서 죽었기 때문이에요. 또 아메리카 대륙에 도착한 노예들도 열악한 환경으로 인해 수없이 많이 죽어 나갔어요.

노예 무역은 18세기 후반 인도주의, 민주주의 운동이 일어나면서 점차 비판의 목소리가 높아졌어요. 노예 제도와 노예 무역을 폐지하자는 협회도 만들어졌고, 정치권에서도 이러한 움직임이 시작되었어요. 영국 의회의 하원의원이었던 윌리엄 윌버포스는 1792년 노예 무역을 점차적으로 폐지하자는 결의안을 만들어 하원을 통과시켰고, 1807년 마침내 영국에서는 노예 무역이 폐지되었어요.

영국보다 한발 앞서 덴마크는 1802년에 노예 무역을 폐지했고, 미국은 1807년에 노예 무역을 금지했으며, 프랑스는 1819년부터, 기타 유럽의 많은 나라도 점차적으로 노예 무역을 금지했어요. 하지만 노예 무역이 완전히 폐지된

▲ 탄자니아 잔지바르에 있는 노예 동상

것은 아니었어요. 왜냐하면 많은 나라에서 노예 제도를 유지하고 있었기 때문이에요.

노예 제도가 유지되고 있는 한 노예 무역의 완전 철폐는 어렵다고 판단한 윌리엄 윌버포스가 노예 제도 폐지 운동을 전개하여 1833년 영국에서 노예 제도를 폐지시키는 데 공을 세웠어요. 영국은 1838년 8월 서인도 제도의 노예들을 풀어 주는 노예 해방령을 발표했어요. 이렇게 되자 프랑스도 1848년 노예 제도를 폐지했고, 마지막으로 미국도 1862년 링컨 대통령이 노예 해방을 선언함으로써 사실상 노예 제도는 폐지되었어요.

유엔은 1997년 매년 8월 23일을 '국제 노예 무역 철폐 기념의 날'로 정했는데, 이날을 기념일로 정한 것은 아이티 혁명과 깊은 관련이 있어요. 8월 23일은 1791년 생도맹그의 흑인 노예들이 백인들의 폭정에 항거하여 봉기를 일으킨 날이에요. 이날 봉기로 생도맹그의 흑인 노예들은 백인들을 몰아내고 최초의 흑인 공화국인 아이티 공화국을 세웠어요. 아이티 혁명은 노예 제도와 노예 무역을 폐지하는 데 많은 영향을 준 사건이기 때문에 유엔은 이날을 기념하기 위해 8월 23일을 기념일로 정했어요.

# 9.

## 국가 기관의 이익을 위해
## 정의는 희생될 수 있는가?

① 소송 시기: 1894년

② 소송을 제기한 사람: 프랑스 참모본부

③ 소송을 당한 사람: 프랑스 참모본부 대위 알프레드 드레퓌스

④ 판결 시기: 1906년(프랑스 최고 항소 법원)

⑤ 판결: 드레퓌스에게 유죄를 인정할 증거가 없으므로 지금까지의 모든 유죄
판결은 무효이다.(드레퓌스에게 무죄와 동시에 복직 명령이 내려졌다.)

RÉHABILITATION DU CAPITAINE
ALFRED DREYFUS

©Lefteris Papadakis/Shutterstock.com

LA POSTE 2006

FRANCE  0.53€

Phil@poste  LAVERGNE

◀ 유대인이라는 이유로 스파이 누명을 썼다 풀려난
알프레 드 드레퓌스 대위의 모습이 담긴 프랑스의 우표

# 소송 내용과 판결

법원의 가장 기본적인 기능은 소송을 제기한 사람과 당한 사람 모두의 의견을 객관적으로 판단하여 옳고 그름을 가르는 일이에요. 만약 법원이 어느 한쪽의 일방적인 주장만 인정한다면 그건 법원의 가장 기본적인 의무를 저버리는 일이 될 것이고, 피해자에게는 씻을 수 없는 고통을 안겨 주는 일이 될 거예요. 이번에 살펴볼 드레퓌스 소송이 바로 그런 경우라고 할 수 있어요.

드레퓌스 소송은 누가 보더라도 진실을 은폐하고 조작한 사건이었음에도 불구하고 군사 법원은 국가 안보와 체면을 이유로 올바른 판결을 내리지 않았어요. 국가 기관은 안보와 이익을 이유로 진실을 은폐해도 되는 것인지 드레퓌스 사건을 통해 생각해 보았으면 좋겠어요.

1871년 프로이센(독일 제국)은 프랑스와의 전쟁에서 승리했어요. 전쟁 후 프랑스 황제였던 나폴레옹 3세는 영국으로 망명했고, 프랑스는 제3공화국이 성립되었어요. 승전국 프로이센의 왕 빌헬름 1세는 프랑스 베르사유 궁전에서 황제 대관식을 가지면서 전쟁의 승리를 만끽했지요. 하지만 전쟁에서 패한 프랑스는 심한 굴욕감을 맛보아야 했어요. 전쟁 후 맺어진 조약에 따라 천연자원이 풍부한 알자스로렌 지방을 프로이센에 넘겨 주어야 했고, 막대한 전쟁 배상금까지 물어야 했어요. 더구나 남의 나라 황제가 자신들의 궁전인 베르사유에서 황제 대관식을 가졌다는 사실에 프랑스 국민들은 독일에 대해 강한 적대감을 갖게 되었어요.

전쟁 패배의 후유증은 국가 경제에도 심각한 타격을 주었어요. 막대한 전쟁 배상금까지 물게 되자 프랑스 국내 경제는 더욱 나빠졌고, 게다가 1882년 유럽에 불어닥친 금융 공황으로 프랑스의 많은 투자 은행들이 파산하는 사태까지 발생하고 말았어요. 이때 피해를 본 투자자들 사이에서 로스차일드 같은 유대계 금융 기업에 대한 불평이 터져 나오면서 프랑스에서는 유대인 자본가에 대한 부정적인 여론이 형성되었어요. 이런 상황에서 터진 파나마 운하 사건은 사태를 더욱 악화시키고 말았어요.

1892년 파나마 운하 회사가 파산하면서 일반 투자자 수천 명이 막대한 피해를 입었는데, 이때 회사가 개발 업체 선정 과정에서 정치권에 뇌물을 뿌렸다는 사실이 드러나면서 엄청난 파문을 일으켰어요. 더욱이 회사의 경영진이 모두 유대인이라는 사실에 프랑스 국민들 사이에서는 반유대주의 정서가 더욱 기승을 부리게 되었지요.

전쟁의 후유증은 프랑스 군부도 마찬가지였어요. 무엇보다 독일에 대한 적개심과 복수심이 갈수록 높아졌고, 젊은 장교들과 선배 장교들 사이의 갈등도 심각했어요. 젊은 장교들은 전쟁의 패배 원인이 선배 장교들의 통솔 방식 때문이라고 생각했고, 선배 장교들은 젊은 장교들이 전통을 무시하고 무리하게 개혁을 한다고 비난했어요. 또한 가톨릭 출신 장교들이 많았던 프랑스 군부에서 유대인에 대한 편견은 일반 사회보다 더 심각했어요. 이런 와중에 터진 유대인 출신 드레퓌스 스파이(간첩) 사건은 프랑스 사회를 혼란 속으로 빠트리고 말았어요.

1894년 9월 프랑스 정보국은 파리 주재 독일 대사관에 심어 놓은 정보원으로부터 독일 무관 슈바르츠코펜의 휴지통에서 발견한 찢어진 명세서 한 장을 넘겨받았어요. 그것은 프랑스 육군의 대포 개발 현황, 부대 배치도, 공격 계획 등 1급 기밀 자료 목록을 열거한 명세서였어요. 이 명세서의 발신인은 '비열한 D'라고만 적혀 있었어요.

프랑스 정보국은 명세서에 언급된 기밀에 접근할 정도라면 육군 참모본부에 속해 있고, 대포 관련 무기에도 밝은 인물일 거라고 판단했어요. 정보국은 용의자를 물색하던 중 군사 전문학교 출신 포병 대위 알프레드 드레퓌스를 주목했어요. 명세서에 나와 있는 'D'를 드레퓌스라고 보고, 드레퓌스의 평소 필적과 명세서의 필적을 조사한 뒤 두 필적이 비슷하다는 결론을 내렸어요.

드레퓌스 대위는 1859년 알자스 지방에서 방직 공장을 운영하는 유대계 가문에서 태어났어요. 드레퓌스는 알자스 지방이 프로이센에 넘어갈 때 프랑스로 이주했고, 군사 전문학교를 졸업한 후 포병 장교로 임명되어 육군 참모본부에서 근무하고 있었어요.

반유대주의 성향이 강했던 프랑스 정보국장 상데르 대령은 참모본부에서 독일어가 가능한 드레퓌스를 스파이로 단정했어요. 게다가 드레퓌스가 참모본부에서 유일한 유대인이라는 사실도 유력한 단서가 되었어요. 즉, 육군 참모본부에서 근무하고, 독일어가 가능한 유대인이라면 가장 유력한 독일군 스파이라는 가정이 성립되었지요. 하지만 그 어디에도 드레퓌스가 스파이 행위를 했다는 결정적인 증거는 없었어요. 단지 심증만 있을 뿐이었어요. 그런데도 드레퓌스는 1894년 10월 반역죄로 체포되었고, 군사 법원에 회부되었어요.

드레퓌스의 변호인은 공개 재판을 요구했지만 재판부는 국가 안보를 이유로 비공개로 결정했어요. 재판 중 드레퓌스는 줄곧 자신의 혐의를 부인했고, 결정적인 증거가 나오지 않으면서 수사팀이 무리하게 드레퓌스를 기소한 것은 아닌지 의심되었어요. 수사팀이 내놓은 필적 감정을 놓고도 의견이 엇갈렸고, 드레퓌스에 대한 사소한 문제까지 파악했지만 스파이로 의심할 만한 물적 증거는 하나도 없었어요.

재판이 드레퓌스에게 유리하게 흘러가자 드레퓌스를 기소한 육군 참모본부 측은 곤욕스러웠어요. 이때 참모본부의 체면을 살려 줄 구원 투수가 등장했어요. 그는 프랑스 정보국의 앙리 소령이었어요. 앙리 소령은 재판정에서 드레퓌스가 스파이라는 확실한 제보를 받았다고 주장했어요. 앙리 소령은 제보자의 신원도 밝히지 않았는데, 재판부는 그 어떤 확인도 거치지 않고 앙리 소령의 말을 그대로 인정했어요.

프랑스 군사 법원은 드레퓌스가 스파이라는 확실한 물증이 없는데도 불구하고 앙리 소령의 말만 믿고 드레퓌스에게 유죄 선고를 내렸고, 불명예 제대와 종신 유배형에 처한다고 판결했어요. 드레퓌스는 곧바로 항소했지만 법원은 항소도 허락하지 않았어요.

드레퓌스는 1895년 1월 파리의 사관학교 연병장에서 불명예 퇴역식을 가졌어요. 드레퓌스의 장검은 부러졌고, 어깨의 계급장은 뜯겨나갔어요. 심지어 제복 바지의 리본마저 떨어져 나가는 굴욕을 당한 드레퓌스는 프랑스령 남미 기아나의 '악마의 섬'으로 유배되었어요.

드레퓌스가 악마의 섬으로 유배를 떠난 뒤 그의 가족들은 드레퓌스의 무죄를 주장하며 계속해서 재심을 요구했어요. 하지만 프랑스 국민들과 언론은 유대인이었던 드레퓌스가 반역죄를 저질렀다는 사실을 굳게 믿었고, 프랑스 군부도 재심할 생각은 전혀 없었어요. 그렇게 드레퓌스 사건은 잊혀 가고 있었어요.

1896년 3월 드레퓌스 재판이 끝난 지 15개월이 지나서 새로 프랑스 정보국장으로 부임한 조르주 피카르 중령은 독일 대사관에 심어 놓은 정보원에게서 드레퓌스 사건 때 독일 연락책으로 알려졌던 슈바르츠코펜이 외부로 발송하려다 폐기한 문서 한 장을 입수했어요. 그 문서의 수신인은 프랑스 육군 보병대대의 장 페르디낭 에스테라지 소령이었어요.

문서 내용에는 별것이 없었지만 피카르 중령은 에스테라지 소령과 관련된 자료를 검토하다가 그의 필적이 드레퓌스 사건 때 명세서의 필적과 매우 흡사하다는 것을 발견했어요. 피카르는 이에 흥미를 느껴 상부에는 보고하지 않고 수사를 진행했어요.

피카르 중령은 혼자 수사를 진행한 끝에 드레퓌스 사건 때 명세서를 작성한 인물은 드레퓌스가 아니라 에스테라지라는 결론에 도달했어요. 피카르 중령이 이런 결론에 도달한 데에는 몇 가지 확실한 정황도 있었어요.

우선 명세서의 필적과 에스테라지의 필적이 동일하다는 전문가의 의견이 있었어요. 또 에스테라지는 헝가리 제국의 귀족 가문 출신인데, 평소 프랑스 군부가 자신의 출신 배경과 능력에 걸맞은 대접을 해주지 않는다고 불평이 많았다는 소리도 들었어요. 게다가 1894년 당시 업무 관계로 참모본부에 들락거리던 에스테라지가 명세서에 언급된 기밀 내용을 알 수 있었다는 사실도 확인되었어요. 심지어 에스테라지는 평소 도박과 낭비벽으로 빚에 몰려 있던 처지라 누군가에게 쉽게 매수될 수 있다는 정황도 파악되었지요.

피카르 중령은 이런 정황들을 근거로 명세서의 주인이 에스테라지임을 확신하고 상부에 드레퓌스 사건의 재심을 요구했어요. 하지만 상부의 답변은 놀랍게도 사건을 덮어 두라는 거였어요. 드레퓌스가 무죄임이 드러나면 프랑스 육군 참모본부의 위신은 땅에 떨어지고, 사건을 재조사하게 되면 조사 과정에서 군대 기밀이 외부로 공개될 수도 있다는 이유에서였지요.

피카르는 상부의 지시를 따를 마음이 없었어요. 그러자 프랑스 육군 수뇌부는 피카르 중령을 프랑스령 튀니지로 좌천시켜 버렸어요.

한편 튀니지로 좌천된 피카르는 어떻게든 드레퓌스 사건을 다시 바로잡아야겠다고 생각하여 친구이자 변호사인 루이 르블루아에게 드레퓌스 사건의 진실을 알려주었어요. 르블루아는 드레퓌스 사건의 진실을 듣고 난 후 평소 친분이 있었던 상원 부의장 슈레르 케스너에게 드레퓌스 사건을 재조사해야 한다고 말했어요.

케스너 부의장은 1897년 의회에서 드레퓌스의 무죄를 주장하는 연설과 함께 사건을 재조사해야 한다고 강력하게 요청했어요. 일부 정치권에서 드레퓌스 사건을 다시 들고 나오자 프랑스 육군은 사건을 은폐하기 위해 더욱 발 벗고 나섰어요. 1898년 참모본부는 에스테라지의 스파이 행위에 대해 무죄를 선고하며 풀어주었고, 이 사건을 세상에 알린 피카르 중령은 군사 기밀을 유출했다는 이유를 들어 체포했어요.

유대인에 대한 감정이 좋지 않았던 프랑스 국민들과 언론들은 모두 드레퓌스 사건의 재심을 반대했고, 오히려 드레퓌스와 그의 가족들에 대한 근거 없는 소문까지 퍼트리며 반유대인 정서를 강화하는 데 앞장섰어요.

대부분의 언론들이 드레퓌스 사건의 진실을 알리지 않았지만 일부 양심적인 언론은 드레퓌스 사건의 진실을 알리기 위해 노력했어요. 이런 양심적인 언론의 노력으로 프랑스 육군 수뇌부가 피카르의 재심 조사를 방해하고 증거를 조작하여 진범인 에스테라지를 무죄로 몰고 간 사실이 세상에 알려지게 되었어요.

드레퓌스 사건의 진실이 세상에 알려지자 프랑스 지식인들이 나서서 육군의 잘못을 지적했어요. 대표적인 지식인이 바로 소설가 에밀 졸라였어요. 졸라는 1898년 1월 한 일간지에 대통령에게 보내는 글을 기고하여 드레퓌스 재판을 '상상할 수 없는 최악의 조작'이라고 비판했어요.

프랑스를 대표하는 작가의 비판이 있었지만 프랑스 국민들은 여전히 드레퓌스 사건의 재심을 반대했어요. 졸라는 이 기고문 때문에 명예훼손죄로 고소당하여 영국으로 도피해야 했고, 훈장도 박탈당했어요.

프랑스 국민들의 반유대인 정서는 여전했지만 지식인들은 한층 더 목소리를 높이며 드레퓌스 사건의 진실을 밝히라고 요구했어요. 결국 새로 국방부 장관이 된 카베냐크는 드레퓌스 사건의 재조사를 명령했어요.

재조사 과정에서 드레퓌스가 스파이라는 제보를 받았다고 주장한 앙리 소령이 허위 문서를 작성했다는 사실이 드러났어요. 앙리 소령은 죄책감을 느껴 자살로 생을 마감했고, 문서 조작 행위를 지시한 장군 한 명이 진실을 밝히면서 사건의 전모가 드러나기 시작했어요.

드레퓌스 사건이 조작되었음이 밝혀지자 영국으로 망명을 떠났던 에밀 졸라는 돌아왔고, 처음 조작 사실을 폭로한 피카르 중령도 감옥에서 풀려났어요.

1898년 9월 프랑스 정부는 드레퓌스 사건의 재심을 결정했고 파리 고등법원에서 재심이 열렸어요. 파리 고등법원은 드러난 진실을 바탕으로 드레퓌스가 명세서를 작성한 사람이 아니라고 판단했고, 드레퓌스에 대한 군사 재판을 다시 열어야 한다고 판결했어요.

1899년 8월 재심 군사 법원에서 드레퓌스 재판이 다시 열렸어요. 1심 때와 마찬가지로 국가 안보를 이유로 재심도 비공개로 진행되었어요. 5년 만에 악마의 섬에서 돌아온 드레퓌스는 제복 차림으로 법정에 섰어요. 재심 군사 법원의 재판관들은 사건의 진실이 밝혀졌는데도 불구하고 여전히 드레퓌스에게 죄가 있다는 취지로 신문했어요. 게다가 1차 재판에서 드레퓌스를 기소하는 데 주도적인 역할을 했던 당시 국방부 장관 메르시에는 증인석에 앉아 여전히 드레퓌스가 스파이라고 주장했어요.

재심 군사 법원 재판관들은 5 대 2의 결정으로 드레퓌스에게 징역 10년의 유죄를 선고했어요. 다만 재판관 다수는 정상 참작의 여지가 있음을 밝혔어요. 재판부의 결정은 드레퓌스에게 유죄를 선고하지만 정상 참작하여 특별 사면을 받도록 하겠다는 거였어요. 결국 드레퓌스는 특별 사면을 받기 위해 상고를 포기했고, 10일 뒤 대통령 특별 사면으로 자유의 몸이 되었어요. 또 프랑스 정부는 1900년 드레퓌스 사건과 관련된 모든 사람들에게 사면령을 내렸어요.

드레퓌스의 무죄를 확신한 많은 지식인들과 학생들은 정부가 자신들의 잘못을 빨리 덮어 버리기 위해 사면령을 내렸다고 일제히 비판했어요. 드레퓌스 또한 자신의 명예를 되찾기 위해 사면 혜택을 반납하고 재심을 요청했어요.

여론의 압박을 받은 국방부는 드레퓌스 사건을 다시 조사하기로 결정했고, 1904년 프랑스 최고 항소 법원에서 드레퓌스 사건의 재심이 열렸어요. 항소 법원은 1심과 2심에서 증언했던 모든 사람들을 다시 불러 증언하도록 했고, 2년 동안의 심리 끝에 1906년 7월 드레퓌스 사건의 최종 결과를 발표했어요.

프랑스 최고 항소 법원은 재심 군사 법원의 유죄 판결을 오판이라고 결정했고, 드레퓌스에게 유죄를 인정할 만한 증거가 없으므로 지금까지의 모든 유죄 판결이 무효라고 판결했어요.

프랑스 최고 항소 법원의 결정으로 드레퓌스는 무죄임이 판명되었고, 복직 명령이 내려졌어요. 다음 날 프랑스 하원은 드레퓌스에게 프랑스 최고 훈장을 수여하고, 소령으로 복직시키기로 결정했어요.

1906년 7월 불명예 퇴역식이 열렸던 연병장에서 드레퓌스의 훈장 수여식이 열렸어요. 드레퓌스는 억울한 누명을 쓴 지 12년 만에 다시 원래의 자리로 돌아올 수 있었어요.

# 이의(반대 의견) 있어요!

드레퓌스 재판은 프랑스 정부와 육군, 국민들의 반유대인 정서가 함께 만들어 낸 가장 잘못된 재판이었다고 말할 수 있어요. 사건의 진실이 명백하게 드러났음에도 불구하고 군사 법원은 자신들의 잘못을 인정하지 않았고, 선량한 군인 한 명에게 크나큰 고통을 안겨 주었지요.

드레퓌스는 어떻게 독일 스파이로 몰려 유죄 판결을 받았을까요? 드레퓌스

는 죄가 없음에도 불구하고 죄인 취급을 받았는데, 이에 대해서는 과연 누가 책임을 져야 할까요?

이번 사건의 가장 큰 잘못은 무엇보다도 유대인에 대한 잘못된 편견에서 비롯되었다고 볼 수 있어요. 처음 기밀 목록이 적힌 명세서를 입수했을 때 조사관들은 제대로 된 조사를 하지 않았어요. 조사관들은 스파이 행위를 한 사람이 프랑스 군인일 리는 없다고 생각했고, 처음부터 유대인이 스파이 행위를 했을 것이라고 추정하고 조사를 시작했어요. 그러니까 육군 참모본부에서 근무하는 유대인은 모두 스파이 혐의를 받을 수밖에 없는 처지였지요.

이런 상황에서는 명세서의 필적도 그렇게 중요하지 않았어요. 왜냐하면 필적 감정이 중요한 것이 아니라 그들에게는 유대인이어야 한다는 사실이 중요한 단서였기 때문이에요. 조사관들은 스파이가 유대인이라는 것을 정해 놓고 수사를 했기 때문에 필적 감정은 부수적인 요소에 불과했던 거예요.

이런 와중에 명세서에 'D'라고 적힌 발신인 서명은 유대인 출신이었던 드레퓌스를 스파이로 단정하기에 충분한 증거로 작용했어요. 결국 이런 정황 증거만으로 드레퓌스는 스파이로 지목되었고, 제대로 된 조사도 받지 못한 채 악마의 섬으로 유배될 수밖에 없었어요.

어떻게 이런 일이 가능했을까요? 프랑스 참모본부도 처음부터 드레퓌스가 스파이가 아니라는 걸 알고 있었을 거예요. 그런데 왜 프랑스 육군은 진짜 스파이를 찾으려는 노력을 하지 않았을까요? 아마도 그들은 자신의 체면, 자신이 몸담고 있는 군대의 위신이 더 중요했기 때문에 그렇게 행동했을 거예요.

프랑스 국민들의 반유대인 정서는 이처럼 한 사람의 무고한 시민을 한순간에 범인으로 몰고 가는 잘못을 저지르고 말았어요. 여기에 주도적인 역할을 한게 바로 언론이에요. 당시 프랑스에서 발행되었던 55개 일간지 중 중립적인 입장에서 기사를 내보낸 곳은 7개에 불과했고, 나머지 48개 일간지는 진실을 밝히려는 노력은커녕 허위 사실을 유포하며 유대인들과 드레퓌스를 비난했어요. 이 모든 게 반유대인 정서에서 비롯되었다고 볼 수 있어요.

또 프랑스 군부와 군사 법원의 재판관들도 군대의 체면과 위신만을 생각하여 진실을 밝히려는 노력을 하지 않았어요. 그들에게는 진실보다, 한 개인의 생명보다 자신들의 체면과 위신이 더 중요했어요.

프랑스 군부는 늘 국가 안보를 이유로 진실을 은폐하고, 사건을 왜곡하는 범죄를 저질렀어요. 과연 사건을 왜곡하고, 진실을 은폐하는 것이 국가 안보를 위하는 길이었을까요? 정말 프랑스 군부가 국가 안보를 위한다면 처음 명세서를 입수했을 때 진짜 스파이를 잡기 위한 노력을 해야 하지 않았을까요? 진짜 스파이를 잡으려는 노력보다 국가 안보를 위하는 길이 도대체 어디에 있을까요?

더 기막힌 일은 사건의 진실이 다 밝혀졌는데도 군부와 재판관들은 그것을 인정하지 않았다는 사실이에요. 그들은 자신들의 잘못을 인정하는 것은 군대의 체면과 위신을 떨어뜨리는 일이며, 국가 안보에 도움이 되지 않는다는 말도안 되는 이유를 대면서 끝까지 진실을 밝히려고 하지 않았어요.

한마디로 드레퓌스 사건은 반유대인 정서를 바탕으로, 군부가 국가 안보라는 이유로 자신들의 체면과 위신을 생각하여 한 유대인을 철저하게 파멸시킨 사건이라고 정리할 수 있어요.

# 소송을 바라보는 눈

드레퓌스 사건은 당시 프랑스 사회의 반유대인 정서, 즉 인종 차별의 면모를 적나라하게 보여 준 사건이었어요. 프랑스 사회는 이 사건으로 인해 드레퓌스를 지지하는 쪽과 반대하는 쪽으로 나뉘어 많은 갈등을 겪었어요. 하지만 드레퓌스 사건을 계기로 자유, 박애, 평등, 관용의 정신이 프랑스 사회에 뿌리내릴 수 있었고, 프랑스의 민주주의 발전에도 결정적인 역할을 할 수 있었어요. 쉽게 표현하면 썩은 곳을 도려내면서 오히려 더 건강하게 된 경우라고 볼 수 있지요.

드레퓌스 사건이 발생할 당시 프랑스 사회는 전쟁 패배로 인한 독일에 대한 적대감과 복수심, 경제 위기 속에서 터져 나온 반유대인 정서 등으로 혼란한 상황이었어요. 이런 와중에 드레퓌스 사건이 터지자 프랑스 사회는 두 부류로 나뉘게 되었어요. 지식인과 학생들은 드레퓌스를 옹호했고, 대다수 국민들과 언론은 드레퓌스를 반대했어요.

대다수 국민들과 언론은 드레퓌스가 유대인이라는 이유 하나만으로 스파이일 가능성이 높다고 판단하였고, 유대인들은 국가 안보를 위협하는 존재이기 때문에 국가 안보를 위해 유대인 개인의 인권은 무시되어도 좋다는 생각을 갖고 있었어요. 반면 지식인들은 인종 차별이 있는 나라는 결코 발전할 수 없으며 프랑스는 자유와 평등, 박애의 정신 위에 세워진 나라이기 때문에 그 전통을 지켜 나가야 한다고 주장했어요.

드레퓌스 사건은 결국 소수 지식인들의 노력 덕분에 진실을 밝힐 수 있었고, 정의는 반드시 승리할 수 있다는 믿음을 보여 주었어요. 또한 국민들 사이에서는 '톨레랑스(관용의 정신)'가 자리 잡게 되었어요.

관용은 어떤 차이에 대해서 차별하거나 무관심으로 일관하는 것이 아닌 서로 다른 점으로 받아들이고 인정하는 태도예요. 또 드레퓌스 사건 이후 지식인들의 사회 참여도 늘어났어요. 이를 바탕으로 프랑스는 선진 민주주의 국가로 발전할 수 있었지요.

한편 명세서를 작성한 진범 에스테라지는 어떻게 되었을까요? 에스테라지는 참모본부에 의해 무죄 판결을 받고 난 후 영국으로 도망쳤고, 그곳에서 여생을 평온하게 보냈어요.

드레퓌스 사건의 주인공이었던 드레퓌스는 판결 이후 어떤 삶을 살았을까요? 12년 동안 억울한 세월을 보낸 후 군인으로서 명예를 회복한 드레퓌스는 언론의 과도한 관심을 받았어요. 일부 언론은 드레퓌스를 불의에 맞선 영웅으로 묘사했고, 일부는 반유대인 정서의 대표적인 희생자로 묘사했어요. 하지만 드레퓌스는 언론의 과도한 관심을 모두 물리치고, 자신은 불운하게도 제 갈 길을 가지 못한 포병 장교일 뿐이라며 조용한 삶을 살고자 노력했어요.

드레퓌스 사건을 보면서 몇 가지 떠오르는 생각이 있어요. 하나는 '국가 안보를 위해서, 집단의 체면과 위신, 안위를 위해서 진실과 정의, 개인의 권리는 희생되어도 좋은가?' 하는 문제예요.

드레퓌스 사건만 본다면 프랑스 군부나 재판관들이 말한 국가 안보는 거짓임이 드러났기 때문에 당연히 진실과 정의, 개인의 권리가 희생되어서는 안 된다고 말할 수 있을 거예요. 그렇다면 정말 국가 안보가 중요한 상황이라면 이때에는 진실과 정의, 개인의 권리가 희생되어도 되는 걸까요? 사람마다 자신의 신념, 성격, 가치관에 따라 다른 판단을 내릴 수 있겠지만 자신의 양심에 부끄

럽지 않은 선택을 하는 것이 가장 중요하다고 볼 수 있어요.

드레퓌스 사건을 보면서 또 한 가지 떠오르는 생각은 '진실은 결국 정의로운 사람에 의해 밝혀진다'는 믿음이에요. 또 우리 사회는 이런 정의로운 사람들 덕분에 더 발전할 수 있다는 믿음이에요.

드레퓌스 사건의 진실을 밝히려고 노력한 피카르 중령이 없었다면 드레퓌스는 영원히 악마의 섬에서 고통을 당하다가 죽었을 거예요. 피카르 중령은 상관의 협박에도 아랑곳하지 않고 자신의 신념을 지킨 정의로운 사람이었어요. 피카르 중령에게 군인으로서의 신념과 정의감이 없었다면 그 역시 상관의 협박에 굴복했을지도 몰라요. 자신을 희생하면서까지 신념을 지키기는 정말 쉽지 않은 일이에요.

에밀 졸라 역시 드레퓌스 사건의 진실을 밝히는 데 큰 역할을 한 공로자라고 할 수 있지요. 오직 지식인의 양심에 따라 진실을 알리려고 한 졸라의 용기 있는 행동 덕분에 진실이 밝혀질 수 있었으니까요.

앞에서 드레퓌스 사건 이후 프랑스 사회는 여러 면에서 발전할 수 있었다고 말했지만, 드레퓌스 사건 하나만 놓고 보면 12년간의 재판 과정에서 확실하게 밝혀진 사실은 드레퓌스가 스파이가 아니라는 것뿐이었어요. 진범이었던 에스테라지도 무죄 판결을 받아 영국에서 편안한 삶을 살았고, 증거를 조작한 군부의 장교들은 모두 사면령을 받아 아무도 처벌받지 않았어요. 핵심 증거를 조작한 앙리 소령만 죄책감에 자살했을 뿐이었어요.

결국 드레퓌스 사건의 처리는 매우 미흡했다고 볼 수 있어요. 그럼에도 불구하고 프랑스 사회는 드레퓌스 사건을 겪으면서 좀 더 발전할 수 있었으니, 드레퓌스 사건은 매우 큰 의미를 지닌 사건이었다고 볼 수 있지요.

# 프랑스-프로이센 전쟁(보불 전쟁)

프랑스-프로이센 전쟁은 1870년 7월에 발발하여 1871년 5월에 끝난 전쟁이에요. 한자 발음으로 '보불 전쟁'이라고도 불러요. 이 전쟁은 프랑스의 나폴레옹 3세 황제와 프로이센의 재상인 비스마르크의 욕심에서 비롯된 전쟁이었다고 볼 수 있어요.

당시 프랑스는 나폴레옹 3세가 즉위하여 다시 황제가 다스리는 나라가 되었는데, 황제의 권위는 예전 같지 않았어요. 나폴레옹 3세는 이웃 나라인 프로이센을 침공하여 떨어진 황제의 권위를 회복할 생각을 갖고 있었어요.

프로이센 또한 재상인 비스마르크를 중심으로 독일 제국의 통일을 꿈꾸고 있었어요. 프로이센은 북부 독일 지역에서 세력을 갖춘 왕국이었는데, 남부 독일 지역을 통합하는 독일 제국을 꿈꾸고 있었어요. 당시 남부 독일 지역은 프랑스의 세력이 강했기 때문에 독일 제국을 수립하기 위해 프랑스와의 전쟁은 불가피한 것이었어요. 때마침 나폴레옹 3세의 야심을 알게 된 비스마르크는 지금이 독일 제국을 수립할 수 있는 절호의 기회라고 생각했어요.

1868년 이웃 나라인 스페인에서 혁명이 일어나 기존 왕가가 무너지자, 혁명 지도자들은 프로이센 빌헬름 1세의 사촌인 레오폴트 대공에게 스페인 왕위에 오를 것을 제안했어요. 비스마르크는 스페인 왕위 계승 문제가 프랑스와 전쟁을 할 수 있는 좋은 기회라고 생각했어요. 만약 레오폴트 대공이 스페인 왕이 되면 프랑스로서는 프로이센과 스페인, 두 나라 모두와 대립하게 되니 좋을리 없었어요.

프랑스는 레오폴트 대공이 스페인 왕위에 오르는 것을 막아야 했어요. 이에 프로이센 황제 빌헬름 1세에게 특사를 파견하여 레오폴트 대공의 스페인 왕

▲ 1871년 보불 전쟁에서 승리한 독일 초대 황제 빌헬름 1세가
독일의 통일을 기념하기 위해 세운 니더발트 기념비(또는 게르마니아 여신상)

위 포기에 대한 공식적인 다짐을 받으려고 했어요. 빌헬름 1세는 프랑스의 제안을 거절했고, 비스마르크는 프랑스를 더욱 자극하는 내용으로 이 문제를 공표했어요.

이 문제로 화가 난 프랑스는 곧바로 전쟁을 선포하고 프로이센에 대해 선제공격을 감행했어요. 프랑스는 자신들의 세력권에 있는 남부 독일 국가들을 믿고 있었는데, 이는 프랑스의 실수였어요. 전쟁이 발발하자 남부 독일 지역 국가들은 모두 프로이센 편에 서서 전쟁을 수행했어요.

프랑스는 가는 곳마다 전투에서 패배했고, 결국 파리까지 포위되고 말았어요. 프랑스 정부는 할 수 없이 프로이센과 협상에 나섰어요. 프로이센은 협상에서 프랑스의 알자스로렌 지역을 요구했고, 프랑스는 그 요구를 들어줄 수 없다고 말했어요. 협상이 결렬되자 전쟁은 계속되었고, 프랑스에게는 패배만 있을 뿐이었어요.

1871년 1월 프랑스는 항복을 선언했어요. 프랑스가 항복을 선언하자 프로이센의 빌헬름 1세는 프랑스의 베르사유 궁전에서 대관식을 갖고 독일 황제 자리에 올랐어요. 이 일로 프랑스 국민들의 독일에 대한 적대감은 더욱 심화되었어요. 적국의 황제가 자국의 궁전에서 황제 대관식을 거행했다는 사실에 프랑스 국민들은 큰 상처를 입었기 때문이에요.

1871년 1월부터 평화 조약을 체결하기 위한 협상이 시작되었어요. 전쟁에서 패한 프랑스는 프로이센의 요구를 대부분 들어줄 수밖에 없었어요. 1871년 5월 프랑스프로이센 전쟁을 종결하는 '프랑크푸르트 조약'이 체결되었어요.

이 조약으로 독일은 프랑스의 알자스로렌 지방을 얻었고, 프랑스는 막대한 전쟁 배상금까지 지불해야 했어요. 또 프랑스가 전쟁 배상금을 완납할 때까지 프랑스 북부 주에 독일군이 주둔하고, 그에 대한 경비도 모두 프랑스가 부담해야 했어요.

전쟁이 끝난 후 독일은 프랑스를 대신하여 유럽 대륙의 중심 국가로 성장했고, 프랑스는 제3공화국이 수립되었어요. 프랑스 국민들은 조약에 따라 전쟁 배상금을 다 갚을 때까지 독일군이 주둔한다는 소리를 듣고는 독일군을 빨리 프랑스 땅에서 몰아내기 위해 각종 기부 물품을 내놓았어요.

비스마르크는 프랑스 내에 독일군을 계속 주둔시키기 위해 프랑스가 갚을 수 없는 막대한 배상금을 요구한 것이었는데, 배상금은 조약 체결 후 3개월 만에 완납되었어요. 비스마르크는 조약에 따라 할 수 없이 독일군을 프랑스에서 철수시킬 수밖에 없었어요.

# 10.

## 권리를 모르는 상태에서 한 자백도 유죄 증거가 될까?

① **소송 시기:** 1963년

② **소송을 제기한 사람:** 애리조나 주 정부

③ **소송을 당한 사람:** 에르네스토 미란다

④ **판결 시기:** 1966년(미국 연방대법원)

⑤ **판결:** 피의자에게 묵비권이나 변호사의 도움을 받을 권리를 사전에 알려 주지 않고 얻어 낸 자백은 법정에서 유죄의 증거로 인정할 수 없다.

▲ 미국의 연방대법원은 피의자라고 하더라도 인간으로서 정당한 권리를 누릴 수 있도록 범인인 미란다의 손을 들어주는 매우 획기적인 판결을 내렸다.

## 소송 내용과 판결

"당신은 묵비권(자신에게 불리한 진술을 거부하고 침묵할 수 있는 권리)을 행사할 권리가 있으며, 당신이 한 진술은 법정에서 불리하게 사용될 수 있고, 변호사를 선임할 권리가 있습니다."

이 말은 경찰관이 범인을 체포할 때 반드시 해 주는 말이에요. 외국 드라마를 보면 이런 장면을 종종 볼 수 있지요. 이 말은 흔히 '미란다 원칙'이라고도 하고, '미란다 경고'라고도 해요. 미란다는 미성년자를 성폭행한 흉악범의 이름인데, 아이러니하게도 지금은 피의자(범죄 용의자)의 인권 존중을 상징하는 이름으로 역사에 남아 있어요.

1963년 3월 미국 애리조나 주의 피닉스 시에서 18세 소녀가 일을 마치고 집으로 돌아오다가 한 남성에게 성폭행을 당하는 사건이 일어났어요. 범인은 멕시코계 미국인 에르네스토 미란다였는데, 그는 사건이 발생한 지 열흘이 지난 시점에 경찰들의 끈질긴 추적으로 체포되었어요.

1941년 멕시코 불법 이민자의 아들로 태어난 미란다는 5살 때 어머니를 여의고 불우한 어린 시절을 보냈어요. 학생 시절 여러 가지 사고를 저지르고 경찰서를 들락거렸으며, 군대를 제대한 후에는 한 여자와 동거 생활을 하며 야간에 짐 나르는 일을 하고 있었어요.

경찰에 체포된 미란다는 변호인이 없는 상태에서 2시간가량 신문을 받았어요. 미란다는 당연히 자신의 혐의를 부인했고, 경찰은 범인 식별 절차를 진행했어요. 범인 식별 절차는 범죄 용의자 몇 명을 방 안에 세워 놓고, 밖에서 피해자가 범죄 용의자들 중 범인을 찾아내는 방법이에요. 방 안에 있는 범죄 용의자들은 밖에 있는 피해자를 볼 수 없고, 피해자만이 안에 있는 범죄 용의자들을 볼 수 있기 때문에 피해자는 안심하고 범인을 지목할 수 있어요.

경찰은 미란다를 포함하여 총 4명을 방 안에 세워 놓았어요. 미란다 외 나머지 3명은 다른 범죄로 인근 유치장에서 복역하고 있던 사람들이었어요. 성폭행을 당한 소녀는 유리창 너머로 범인들을 바라보았는데, 미란다가 범인과 비슷해 보이지만 확실하지는 않다고 말했어요. 하지만 경찰은 사실과 다르게 미란다에게 소녀가 정확하게 알아봤다고 말했어요. 그러자 미란다는 사실대로 털어놓는 것이 낫다고 판단하고 자신의 범행을 털어놓았어요. 미란다는 범행 일체를 자백한 진술서에 서명했어요. 미란다가 서명한 진술서에는 어떤 강요나 협박 없이 진술했으며, 이 진술이 자신에게 불리하게 작용할 수 있다는 내용이 포함되어 있었어요.

미란다는 곧바로 재판에 회부되었고, 변호사를 고용할 형편이 되지 않았던 미란다에게 법원은 국선 변호인을 선임해 주었어요. 재판은 사건 발생 후 4개월이 지난 시점인 1963년 7월에 시작되었어요. 미란다의 국선 변호인은 70세가 넘어 현업에서 은퇴한 앨빈 무어였는데, 그는 꽤 유명한 변호사였어요.

당시 국선 변호인들은 피의자를 위해 최선의 노력을 기울이기보다 상식선에서 변론하는 것이 일반적이었어요. 사람들도 무어가 미란다의 유무죄 여부만 상식선에서 다룰 것이라고 예상했어요. 하지만 사람들의 예상은 빗나갔어요. 무어는 미란다 사건을 전혀 다른 차원에서 접근했어요.

ㄱ무어 변호사는 만약 미란다가 자신에게 불리한 자백을 하지 않을 권리가 있다는 것을 알았다면 그렇게 쉽게 범행을 자백하지 않았을 것이라며, 미란다의 권리가 무시되었다고 덧붙였어요. 무어 변호사의 기발한 변론에도 불구하고 법원은 미란다의 자백에 그 어떤 강요나 협박이 없었다고 판단하여 미란다에게 30년의 징역형을 선고했어요. 무어 변호사는 이 판결에 불복해 사건을 애리조나 주 상급 법원에 항소했어요. 하지만 상급 법원은 "미란다의 자백이 자발적인 것이었고, 변호사의 도움을 받을 권리도 거부당한 사실이 없었다"고 판단하여 항소를 받아들이지 않았어요.

미란다 재판은 1심과 2심 모두 애리조나 주 정부의 승리로 끝났지만, 이 사건은 범죄 피의자의 인권 문제를 다시 한 번 들여다보는 계기가 되었어요. 당시 범죄 피의자의 인권 문제와 관련해 가장 활발한 활동을 한 단체가 '미국 민권 연맹'이었어요. 미란다 재판도 이 연맹의 변호사에 의해 다시 한 번 사회적으로 주목을 받게 되었어요.

미란다는 2심 판결 후 2년이 지난 시점인 1965년 6월에 어떤 이유에서인지 모르지만 자신의 사건을 연방대법원에 상고했어요. 그런데 이 상고 사건이 미국 민권 연맹 소속 변호사였던 로버트 코크란의 관심을 끌었고, 코크란은 1심과 2심 판결에 문제가 있음을 지적했어요.

코크란은 형사 재판에서 피의자에게는 묵비권과 변호사 선임권이 가장 중요한 사항인데도 불구하고 그것을 미리 알려 주지 않았다면 피의자의 헌법상 권리가 무시된 것이며, 따라서 변호인 없이 이루어진 자백은 유죄의 증거가 되어서는 안 된다고 주장했어요. 미란다 사건을 넘겨받은 연방대법원은 헌법상 피의자의 권리와 사회의 안전 중 어느 것이 더 중요한지를 두고 열띤 토론을 벌였고, 1966년 6월 최종 판결을 내렸어요. 결과는 5 대 4로 미란다의 손을 들어 주었어요.

대법관 5명은 경찰이 피의자에게 불리한 진술을 강요받지 않을 권리를 먼저 알려 준 뒤 수사에 임했음을 증명하지 못하면 구속 신문에서 획득한 진술은 법정에서 증거로 사용할 수 없다고 밝혔어요. 쉽게 말하면 피의자에게 묵비권과 변호사 선임권이 있다는 것을 먼저 알려 주지 않고 얻어 낸 자백은 법정에서 유죄의 증거로 사용할 수 없다는 말이었어요.

일부에서 그 어떤 강요나 협박 없이 이루어진 자백에 대해서는 인정해야 되지 않느냐는 요구에 대해서도 대법관 5명은 다음과 같이 반박했어요.

"강요나 협박이 없어도 피의자는 경찰의 속임수에 걸려들 위험이 있다. 예를 들어 선의를 가장해서 일부러 거짓된 법적 조언을 하는 방법이 있고, 피의자의 불안한 심리 상태를 이용하여 자백이 이루어지도록 압박하는 경우도 있다. 이런 경우 강요나 협박은 없었지만 그것은 피의자가 경찰의 속임수에 속아서 자백한 것뿐이다. 이런 사태를 방지하기 위해서는 무엇보다 먼저 피의자의 권리를 알려 주는 것이 중요하다."

또한 구체적인 강압이나 협박이 없다 하더라도 현행 구속 신문 방식 자체가 그런 분위기를 조성하기 때문에 신문 전에 반드시 피의자의 권리를 알려 주어 자신의 권리를 행사할 수 있도록 해야 한다고 말했어요.

미란다 재판에서 5명의 대법관이 미란다의 손을 들어준 가장 핵심적인 이유는 피의자의 권리 보장이었어요. 피의자의 자발적인 자백이냐, 아니냐의 문제를 떠나서 가장 먼저 자신의 권리가 무엇인지 알아야 한다고 본 거예요. 피의자가 자신의 권리를 알지 못한다면 그것은 피의자에게 불리한 상황이 될 것이고, 불리한 상황에서의 진술은 합법적인 증거가 될 수 없다는 것이 5명의 대법관들 생각이었어요.

# 이의(반대 의견) 있어요!

미란다 재판은 결과에서도 알 수 있듯이 매우 치열한 논쟁을 벌였던 재판이었어요. 판결은 미란다의 승리로 끝났지만 그 반대 의견도 만만치 않았어요. 반대 의견을 낸 대법관 4명은 범죄자 한 사람의 인권을 위해 공동체의 안전이 위협받게 되었다고 지적했어요.

미란다의 손을 들어준 5명의 대법관은 구속 신문이 본질적으로 강압적인 분위기를 조성하기 때문에 피의자가 자백을 했더라도 그것은 진정한 자백이 아니라고 보았어요. 즉, 강압적인 분위기 자체가 강요나 협박이 될 수 있다고 본 거예요.

구속 신문 자체가 강압적인 분위기를 조성한다는 이야기는 선뜻 동의하기 어려운 부분이 있어요. 분위기는 개개인이 느끼는 감정이에요. 사람에 따라 그렇게 느끼는 사람도 있고, 그렇지 않은 사람도 있어요.

만약 어떤 피의자가 강압적인 분위기를 느끼지 않고 자백을 했다면 이 경우 재판에서 증거로 사용할 수 있을까요? 물론 피의자는 자백 전에 자신의 권리에 대해서 어떤 이야기도 듣지 못했다고 치고요. 미란다의 손을 들어준 대법관 5명의 논리대로라면 이 경우 재판에서 증거로 사용할 수 있어야 해요. 미란다 역시 구속 신문에서 협박이나 강압이 없었어요. 그렇다면 그가 한 자백은 당연히 재판에서 증거로 사용할 수 있어야 되는 거예요.

피의자의 자백은 자신의 죄를 뉘우치는 의미에서 범죄 사실을 그대로 이야기하는 경우라고 볼 수 있어요. 강압이나 협박이 있어서 자백을 한 경우나, 그렇지 않은 경우나 모두 피의자의 자백 내용은 사실이에요. 범죄 사실이 명백하게 밝혀졌음에도 불구하고 그 권리를 먼저 알려 주지 않았다고 해서 증거로 채택할 수 없다면 이것 또한 불합리하다고 볼 수 있어요.

피의자가 자신의 권리에 대한 이야기를 듣고 자백을 하지 않는다면 이것은 오히려 그 피의자를 도와주는 것이 아니고 파멸의 늪으로 끌어들이는 일이 될 수 있어요. 왜냐하면 자백을 하면 쉽게 끝날 일인데 자백하지 않음으로써 오히려 정신적, 육체적 고통을 더 겪을 수 있기 때문이지요. 자백을 통해 새로운 사람으로 태어날 기회를 날려 버리게 될 수도 있어요.

또 피의자에게 변호사 선임권이 있다고 먼저 알려 주는 것이 그 사람을 도와주는 일이 아닐 수도 있어요. 만약 피의자는 자백할 의사가 없었는데 변호사가 잘못된 정보를 주는 바람에 자백을 했다면 변호사 선임권을 알려 준 것이 오히려 피의자에게는 불리하게 작용한 것이라고 볼 수 있지요.

결론지어 말하자면 이번 판결의 문제점은 피의자의 인권만을 지나치게 존중했다는 것이에요. 피의자의 인권도 중요하겠지만 그것보다 더 중요한 것은 선량한 다수의 인권이에요.

미란다 재판에서 미란다는 강압이나 협박을 받지 않고 자발적으로 자신의 죄를 말했어요. 그런데 재판부는 미란다가 신문 전에 자신의 권리에 대한 이야기를 듣지 못했다고 해서 미란다의 자백을 유죄의 증거로 사용할 수 없다고 판결했어요. 미란다는 명백하게 죄를 저질렀지만 이번 판결로 그를 벌할 수 없게 되었어요.

죄가 있는 사람에게 유죄 판결을 내릴 수 없는 법이라면 도대체 그 법은 누구를 위한 법이라고 할 수 있을까요? 이번 판결은 선량한 다수 사람들의 인권은 전혀 고려하지 않고 피의자의 인권만을 생각한 불합리한 판결이라고 볼 수 있어요. 흉악범이 자백을 했는데도 풀려난다면 흉악범은 계속해서 나쁜 일을 저지르게 되고, 다수의 선량한 사람들은 계속 피해를 볼 수 있어요. 선량한 사람들의 인권을 먼저 생각했다면 자백을 한 흉악범을 풀어 주어서는 안 되는 거였어요.

이번 미란다 재판에서 미란다는 강요나 협박이 없는 상태에서 자백을 했어요. 따라서 그의 자백은 재판에서 유죄의 증거로 사용되었어야 해요.

## 소송을 바라보는 눈

미란다 재판에서 연방대법원이 미란다의 손을 들어주자 대법원은 거센 비난을 받았어요. 가장 크게 반발한 사람들은 경찰이었어요. 경찰은 피의자에게 '미란다 경고(원칙)'를 주는 것은 신문을 시작하기도 전에 수사관들의 손발을 묶는 행위라고 비난했어요.

또 일반 국민들도 연방대법원이 피해자의 권리보다는 범죄자의 권리를 더 존중한다며 거세게 비난했어요. 일반 국민들은 미란다 경고를 하게 되면 피의자가 자백하는 비율이 떨어지고, 그렇게 되면 많은 피의자가 죄가 있는데도 불구하고 석방될 것이라고 우려했어요.

연방대법원의 미란다 판결이 있고 난 뒤 연방의회는 피의자의 자백이 강요나 협박 없이 이루어진 것이라고 인정되면 미란다 경고를 하지 않았더라도 증거로 채택할 수 있는 법률을 제정했어요.

그렇다면 실제 미란다 경고를 하고 난 뒤 범인 검거율은 어떻게 되었을까요? 경찰들의 우려대로 많은 피의자들이 석방되었을까요? 경찰들의 우려와 달리 미란다 경고를 하고 난 뒤에도 범인 검거율에는 큰 변동이 없었어요. 미란다 경고 관련 연구 결과에 따르면 미란다 경고가 피의자의 자백 여부에 미치는 영향은 5% 미만이었어요. 100명 중 5명 정도가 미란다 경고 후 자백을 하지 않았고, 대부분은 미란다 경고와 상관없이 자백을 했다는 뜻이에요.

한편 연방대법원에서 유리한 판단을 얻어 낸 미란다는 그 후 어떻게 되었을까요? 미란다는 성폭행 사건과는 별도로 다른 강도죄에 대해 유죄 판결을 받아 교도소에 수감되었어요. 미란다가 교도소에 있는 동안 애리조나 주 검찰은 미란다의 자백에 의존하지 않고, 다른 증언과 기타 증거물을 제출하여 성폭행 사건에 대해 다시 한 번 미란다를 재판에 회부했어요.

성폭행 사건에 대해 증언한 사람은 다름 아닌 미란다의 동거녀였어요. 미란다는 자신의 동거녀에게 성폭행 사실을 이야기했고, 동거녀가 법원에서 이 사실을 말함으로써 미란다는 결국 성폭행 사건에 대해 유죄 판결을 받게 되었어요. 미란다는 1972년 가석방되었고, 가석방 후에는 미란다 경고가 들어가 있는 카드에 자신의 사인을 넣어 팔면서 생활했어요. 1976년 1월 미란다는 피닉스 시의 술집에서 카드놀이를 하다가 싸움을 벌이게 되었고, 그 과정에서 칼에 찔려 목숨을 잃고 말았어요.

성폭행, 강도 등 가장 밑바닥 인생을 살다 간 미란다였지만 그의 이름은 아이러니하게도 미국 연방 헌법이 보장하는 개인의 권리와 관련하여 가장 유명한 규범으로 현재까지 남아 있어요. 미란다 판결은 미국의 형사 사법에서 피의자의 권리를 최대한 보호하게 한 세기의 결정이었어요.

우리 속담에 "죄는 미워하되, 사람은 미워하지 말라"는 말이 있어요. 피의자라는 이유만으로 인간 이하의 대우를 받는 것은 바람직하지 않아요. 미란다 판결 이전에는 많은 피의자들이 인간 이하의 대우를 받고, 정당한 권리를 행사하지 못했어요. 단지 그들이 범죄 용의자라는 이유로 말이에요.

미란다 판결은 피의자라고 하더라도 그들이 인간으로서 정당한 권리를 누릴 수 있도록 조치한 매우 획기적인 판결이었고, 미국의 형사 사법이 모든 부분에서 적법 절차를 준수하여 피의자의 권리를 보호하는 데 크게 기여한 판결이었다고 볼 수 있어요.

우리나라도 헌법 제12조에서 미란다 원칙을 국민의 권리로 규정하고 있어요. 제12조 2항과 4항에서는 피의자의 진술 거부권과 변호인의 도움을 받을 권리를 규정하고 있고, 5항에서는 누구든지 체포 또는 구속의 이유와 변호인의 도움을 받을 권리를 고지받지 아니하고는 체포 또는 구속을 당하지 않는다고 규정하고 있어요. 또 체포 또는 구속을 당한 자의 가족 등 법률이 정한 자에게는 그 이유와 일시, 장소가 즉시 통지되어야 한다고도 규정하고 있어요.

# 미란다 원칙이 확실히
# 자리 잡기까지

미란다 판결 이후 미란다 원칙은 현재 많은 나라들이 헌법상 국민의 권리로 인정하고 있어요. 하지만 미란다 판결 후 미란다 원칙이 바로 국민의 권리로 인정받은 것은 아니에요. 그렇게 되기까지는 많은 노력이 필요했어요.

앞에서 이야기했지만 미란다 판결 이후 연방대법원은 많은 논란에 휩싸였어요. 경찰들이 가장 크게 반발했고, 국민들도 거세게 비난했지요. 연방대법원도 경찰과 국민들의 생각을 무시할 수는 없었어요. 연방대법원은 미란다 판결 이후 있었던 논란을 잠재우기 위해 미란다 원칙에서 예외 규정을 두는 융통성을 발휘했어요.

1971년 연방대법원은 피의자가 법정에 증인으로 나설 경우에는 미란다 경고 없이 받아 낸 자백도 법정에서 이용할 수 있다고 판결했어요. 즉, 피의자의 증언에 대한 근거 자료로 사용할 수 있도록 한 거예요.

1980년에 연방대법원은 피의자가 경찰의 신문이 시작되기도 전에 갑자기 자백을 했을 경우 미란다 경고 없이 얻어 낸 자백이지만 법정에서 증거 자료로 사용할 수 있도록 판결했어요. 또 1990년에는 피의자가 상대방이 경찰인지 모르고 자발적으로 범행에 대해 털어놓는 경우 굳이 경찰이 범죄 용의자의 말을 끊고 자신의 신분을 밝힌 뒤 미란다 경고를 할 필요는 없다고 판결했어요.

그런데 2000년 연방대법원은 미란다 원칙의 예외 규정을 인정한 그동안의 판결을 뒤엎고, 미란다 원칙의 기존 입장을 고수하는 판결을 내렸어요. 미란다 판결이 있고 난 뒤인 1968년 연방의회는 범죄 용의자의 자백이 강요나 협박 없이 이루어진 것이라고 인정되면 미란다 경고가 없었다고 하더라도 증거 자료로 인정해야 한다는 법률을 제정했는데 이 법률에 대해 2000년에 소송이 제기되었고, 연방대법원은 이 법률이 미란다 원칙 속에 반영된 헌법 정신을 위반했다고 판결했어요.

판결 당시 연방대법원장이었던 윌리엄 렌퀴스트는 판결문에서 미란다 원칙이 이미 미국 문화의 일부분이 되었기 때문에 연방의회도 이를 폐기할 수 없다고 선언했어요. 미란다 판결 이후 미란다 원칙은 한동안 예외 규정이 인정되었지만 2000년 판결 이후 다시 기본 원칙을 유지할 수밖에 없었어요.

2000년 판결 이후 미주리 주 경찰은 미란다 원칙을 지키면서 피의자의 자백을 받아내려고 새로운 신문 기술을 만들었어요. 미주리 주 경찰이 만든 새로운 신문 기술은 다음과 같아요.

첫째, 먼저 피의자에게 자백을 받는다.

둘째, 피의자에게 미란다 경고를 알려 준다.

셋째, 이미 자백한 내용을 강조하면서 피의자가 자신의 권리를 포기하도록 유도한다.

하지만 연방대법원은 2004년에 미주리 주 경찰의 새로운 신문 기술에 대해서도 미란다 원칙의 근본정신을 훼손한다는 이유로 신문 방법이 잘못되었다고 판결했어요.

1966년 미란다 판결 이후 미란다 원칙은 약 30여 년간 예외 규정을 두는 등 확실하게 자리를 잡지 못했는데 2000년 연방대법원의 판결로 확실히 정착되었고, 이후 개인의 인권을 존중하는 역사적인 상징으로 현재까지 그 자리를 지키고 있어요.

# 11.

## 소수 인종 우대는 정당한가,
## 또 다른 차별인가?

① 소송 시기: 1996년

② 소송을 제기한 사람: 로스쿨 지원자 바바라 그루터

③ 소송을 당한 사람: 미시간 대학교 총장 볼린저

④ 판결 시기: 2003년(미국 연방대법원)

⑤ 판결: 미시간 대학교의 소수 인종 우대 신입생 선발 정책은 적법하다.

▲ 1991년 미국 역사상 두 번째로 흑인 출신 대법관이 된 클래런스 토머스 대법관

# 소송 내용과 판결

지금은 인종 차별이 거의 없어졌지만 과거 소수 인종들은 여러 면에서 많은 차별을 받아 왔어요. 특히 흑인들에 대한 차별은 굉장히 심각해서 사회적으로 많은 논란이 되었지요. 시대가 변하면서 이런 흑인들에 대한 차별은 점차 사라졌고, 많은 사람들의 노력과 도움으로 흑인들도 사회의 중요한 곳에서 나름의 역할을 할 수 있게 되었어요.

미국은 많은 이민자들이 모여 있는 다인종 국가예요. 물론 미국 사회의 중심은 유럽에서 건너간 백인들이지만 흑인을 비롯하여 많은 아시아계 소수 인종, 중남미 출신 소수 인종이 미국이라는 나라를 지탱하고 있지요. 미국 사회에서는 과거 흑인들 못지않게 이들 소수 인종들도 차별을 받아 왔어요. 소수 인종들에 대한 차별 정책은 많은 인권 운동가들의 노력 덕분에 소수 인종 차별 철폐 정책으로 이어졌고, 1960년대부터는 소수 인종 우대 정책으로 전환되었어요.

소수 인종 우대 정책은 과거 차별에 대한 보상의 의미가 담겨 있다고 볼 수 있어요. 1960년대 미국의 케네디 대통령과 그의 뒤를 이은 존슨, 닉슨 대통령은 소수 인종 우대 정책을 적극적으로 추진한 대통령들이에요.

처음 소수 인종 우대 정책은 경제계에서 많이 이루어졌고, 그다음 적극적으로 이루어진 곳이 교육계였어요. 과거 흑인들에게는 교육의 기회조차 주지 않았던 것에 대한 보상 차원의 의미가 강했지요.

미국 교육계는 대학 입학 때 흑인이나 소수 인종 출신 학생들에게 가산점을 주는 정책을 도입했어요. 이 정책 덕분에 그동안 백인들에게 밀려 교육의 기회를 잡지 못했던 많은 소수 인종 학생들이 대학 교육을 받을 수 있는 기회가 늘어났어요.

우리나라도 소수 인종 우대 정책과 비슷한 정책이 교육계에 있어요. 바로 '농어촌 특별 전형'이에요. 이 전형은 교육 여건이 열악한 농어촌 지역의 학생들을 우대하는 정책으로, 특별 전형을 통하여 대학에 입학할 수 있게 만든 제도에요. (181쪽 '더 알아보기' 참조)

하지만 어떤 하나의 정책이 모두에게 다 좋은 것은 아니에요. 혜택을 보는 사람이 있으면 분명 피해를 보는 사람들이 생기기 마련이에요. 교육계의 소수 인종 우대 정책도 마찬가지로 피해를 보는 사람들이 생겼고, 그 피해는 백인 학생들이었어요.

소수 인종 출신 학생들에게 가산점을 주게 되면 같은 점수를 받은 백인 학생들은 입학시험에서 불합격되는 경우가 생겼고, 백인 학생들 사이에서는 소수 인종 우대 정책 때문에 역차별을 당했다는 이야기가 흘러나오게 되었어요.

백인 학생들은 소수 인종 우대 정책 때문에 피해를 보았다며 소송을 제기하는 경우도 많았어요.

대표적인 사건이 1996년에 일어난 바바라 그루터 소송이에요. 백인 여성이었던 바바라 그루터는 1996년 미시간 대학교 로스쿨에 불합격되자 미시간 대학교 총장 볼린저를 상대로 소송을 제기했어요.

그루터는 원래 회사에 다니다가 뒤늦게 법조인의 길에 들어서려고 한 학생이었어요. 그녀는 대학교 시절 성적과 로스쿨 능력 시험 성적이 모두 좋았음에도 불구하고 로스쿨에 불합격했어요. 그루터는 자신의 불합격은 소수 인종 학생에게 주는 가산점 제도 때문이며, 이 제도는 법률에 의해 동등한 보호를 보장하는 수정 헌법 제14조에 위배된다고 주장했어요.

그루터의 주장에 대해 미시간 대학교는, 소수 인종 우대는 입학 지원자 선발 때 여러 가지 고려 사항 중 하나일 뿐이며, 대학교에서 소수 인종 학생을 받아들이는 것은 국가 이익을 위한 일이라며 아무런 문제가 없다고 반박했어요. 그루터의 소송을 접수한 미시간 주 지방법원은, 로스쿨 입학 과정에서 소수 인종을 우대한 것은 위법이라고 판단해 그루터의 손을 들어주었어요. 1심에서 패한 미시간 대학교는 곧바로 항소했고, 항소 법원은 1심 판결을 뒤집고 미시간 대학교의 손을 들어주었어요. 결국 사건은 연방대법원으로 향했어요.

2003년 6월 연방대법원은 대법관 5 대 4의 의견으로 미시간 대학교의 손을 들어주었어요. 연방대법원은 미시간 대학교의 소수 인종을 우대하는 신입생 선발 과정이 적법하다고 판단했어요.

수정 헌법 제14조의 법률에 의한 동등한 보호 조항은 개인이 법의 평등한 보호를 받는 것을 각 주가 부정할 수 없도록 규정한 헌법이에요. 이는 집단이

아니라 국민 개개인을 보호하는 것이기 때문에 실제 집단의 이해관계를 위해 개인적 권리가 위배되었는지를 검토하는 것이 판결의 핵심이었어요.

대법관 5명은 이번 사건에서 법률에 의한 평등한 보호를 받을 권리를 침해당한 개인은 없다고 판단했어요. 즉, 미시간 대학교가 신입생을 선발하면서 소수 인종 우대 정책을 추진했지만 이로 인해 그루터의 권리를 침해하지는 않았다고 본 거예요.

대법관 5명은, 로스쿨 입학 자격 심사 기준은 여러 가지가 있고, 그 여러 가지 기준을 종합하여 학생들을 선발했기 때문에 소수 인종 우대 정책이 결정적인 선발 기준은 아니라고 보았어요. 다시 말해, 소수 인종 출신이라 하더라도 학습 능력이 일정 기준을 넘지 않으면 입학이 허락되지 않는 곳이기 때문에 소수 인종 우대 정책이 그루터의 권리를 침해하지 않았다고 판단한 거예요.

또한 대법관 5명은 미시간 대학교의 소수 인종 우대 정책은 과거 소수 인종 출신 학생들이 받았던 차별 행위를 바로잡으려는 하나의 노력이라고 보았고, 이런 우대 정책은 어느 정도 시간이 지나고 나면 사라질 것이라고 생각했어요. 따라서 미시간 대학교의 소수 인종 우대 정책은 다양한 학생 구성원을 유지하여 개방적이고 평등한 교육을 실천하려는 매우 합리적인 정책이며, 수정 헌법 제14조가 규정한 법률에 의한 동등한 보호를 받을 권리를 침해하지 않았다고 판단했어요.

# 이의(반대 의견) 있어요!

이번 소수 인종 우대 정책에 대한 소송은 연방대법원의 판단에서도 알 수 있듯이 치열한 논쟁을 벌인 소송이었어요. 비록 연방대법원은 미시간 대학교의 손을 들어주었지만 그 반대 의견도 만만치 않았기 때문이에요.

사실 판결문만 보더라도 이번 소송의 결과가 합리적이지 않고 여러 문제점이 있다는 것을 알 수 있어요. 미시간 대학교의 손을 들어준 5명의 대법관들도 판결문에서는 소수 인종 우대 정책보다 인종적으로 중립적인 정책이 가장 이상적인 정책이라고 말했어요. 즉, 그들도 미시간 대학교의 소수 인종 우대 정책이 바람직하다고는 보지 않은 거예요. 미시간 대학교 당국도 가능한 빠른 시일안에 소수 인종 우대 정책을 종결시키겠다고 다짐했고요. 학교 당국이나 법원모두 소수 인종 우대 정책은 이상적인 정책이 아니라고 인정했고, 그런 까닭에 빠른 시일 안에 종결시키겠다는 생각을 하고 있었던 거예요.

학교 당국이나 법원 스스로 소수 인종 우대가 이상적인 정책이 아님을 인정하고, 곧 종결시키겠다고 하면서도 그 정책에 특별한 문제가 없다고 말하는 것은 앞뒤가 맞지 않는 주장이라고 볼 수 있어요. 법원의 결정을 다르게 표현하면 '이 제도는 문제가 있지만 옳다'는 주장과 같은 논리예요.

이런 사실로 미루어 볼 때 연방대법원이 미시간 대학교의 손을 들어준 것은 법률 문구에 의한 판단이 아니라 보상 차원에서 내린 결론이라고 볼 수 있어요. 판결문에서도 과거에는 입학 심사 때 인종 차별이 존재했고, 그런 과거의 인종 차별 행위를 바로잡으려는 노력이 소수 인종 우대 정책이라고 말했어요. 이 말을 다르게 표현하면 과거 차별 행위에 대한 보상 차원의 노력이 곧 소수 인종 우대 정책이 되는 거예요.

판결문을 간략하게 요약하면 과거에 인종 차별이 있었고, 그런 차별 행위에 대한 보상으로 소수 인종 우대 정책을 실시했으며, 이 정책은 소수 인종 학생들이 어느 정도 사회에 진출하게 되면 곧 폐지할 거라는 내용이에요.

연방대법원의 판단은 사회의 다양성과 통합을 위해 어느 시기까지는 소수 인종 우대 정책이 필요하다는 것이었어요. 그리고 소수 인종 우대 정책은 사회의 다양성 확보와 통합을 위한 행위이지, 수정 헌법 제14조에서 규정한 법률에 의한 동등한 보호를 보장받을 권리를 침해한 것은 아니라고 판단했어요. 하지만 연방대법원의 이런 판단은 그 자체로 문제점을 내포하고 있어요. 우리가 어떤 한 사람을 특별히 우대하면 결과적으로 우대를 받지 못한 사람은 차별을 당하게 되는 거예요. 마찬가지로 소수 인종을 우대하면 그 자체로 다수 인종은 차별을 당하게 되는 거지요.

우리 사회가 올바르게 성장하기 위해서는 잘못된 관습이나 제도, 법률 등을 올바르게 고쳐 나가는 것이 중요해요. 과거에 차별이 있었다면 현재는 차별을 하지 않으면 그만이에요. 그런데 과거 차별에 대한 보상 차원에서 그들을 우대한다면 그것은 또 다른 차별을 불러올 수밖에 없어요.

이번 소송을 제기한 그루터는 소수 인종 우대 정책 때문에 확실하게 차별을 당했다고 볼 수 있어요. 만약 소수 인종에게 주는 가산점이 없었다면 그루터는 로스쿨에 입학했을 거예요. 5명의 대법관은 미시간 대학교의 로스쿨 입학 심사에서 여러 가지 항목을 종합적으로 판단하여 합격자를 선발했기 때문에 전혀 문제가 없다고 판단했지만 그것은 잘못된 판단이라고 볼 수 있어요.

물론 입학 심사는 여러 가지 항목을 종합하여 판단을 내리겠지만 어느 항목 하나에 문제가 있다면 그 심사는 전체적으로 문제가 될 수밖에 없는 거예요. 입학 심사는 전체 항목 모두가 공정하게 이루어져야 아무런 문제가 없다고 말할 수 있어요.

연방대법원의 판결대로라면 10개 항목 중 1개는 문제가 있었지만 9개 항목은 공정했기 때문에 전체적으로 아무 문제가 없었다고 말하는 것과 같은 논리예요. 따라서 그루터는 소수 인종 우대 정책 때문에 차별을 당했고, 연방대법원의 판결은 잘못된 판단이라고 볼 수 있어요.

# 소송을 바라보는 눈

소수 인종 우대 정책에 대한 그루터의 소송은 연방대법원이 합헌이라고 판결하면서 미시간 대학교의 승리로 끝났어요. 대법원의 판결로 소수 인종 우대 정책은 계속 유지되었고, 그 결과 많은 소수 인종들이 예전보다 다양한 분야로 진출할 수 있었어요. 하지만 그루터 소송은 판결문에서도 나타나듯이 매우 공정한 판결이라고 볼 수 없었어요. 그것은 과거 차별에 대한 보상 차원의 판결

이었다는 것을 법원 스스로 인정했기 때문이에요. 이 시점에서 인종적, 문화적 다양성이라는 대의를 위해 개인의 권리는 어느 정도 침해받아도 되는 것인지 고민해 볼 문제예요.

그렇다면 연방대법원의 판결 이

후 소수 인종 출신 학생들은 다양한 분야로 진출하여 행복한 삶을 살았을까요? 그렇지는 않았다고 해요. 오히려 소수 인종 출신들은 많은 선입견에 시달렸다고 이야기하고 있어요.

그루터 소송에서 소수 인종 출신이지만 소수 인종 우대 정책에 반대 의견을 냈던 토머스 대법관은 자신의 로스쿨 졸업장에 15센트짜리 가격표를 붙여 지하실에 처박아 두었다고 이야기한 적이 있어요.

토머스 대법관은 미국 역사상 두 번째로 흑인 출신 대법관이 된 인물인데, 그는 같은 예일대 출신이라고 해도 백인은 사회에서 높이 평가받지만 흑인은 능력에 상관없이 소수 인종 우대 정책 덕분에 입학했다는 선입견에서 자유로울 수 없었다고 말했어요. 소수 인종 출신 학생들이 아무리 뛰어난 능력을 발휘해도 그들에게 돌아오는 것은 박수가 아니라 소수 인종 우대 정책 덕분이라는 편견과 선입견만 있었다는 거지요. 이런 현상 때문에 토머스 대법관은 소수 인종 출신 대법관이지만 소수 인종 우대 정책은 폐지되어야 한다고 주장했던 거예요. 토머스 대법관은 소수 인종 출신들이 동등한 경쟁에서 이겨야 사회에서도 진정한 대우를 받을 수 있다고 보았어요.

현재 미국 사회의 소수 인종 우대 정책은 몇 가지 문제점을 내포하고 있어요. 우선, 이 정책이 곧 폐지되어야 한다는 데에는 모두가 공감하고 있지만 그 시점이 언제인지에 대해서는 아무런 합의가 되어 있지 않다는 거예요. 또 한 가지는 소수 인종 우대 정책의 혜택을 받은 소수 인종들이 2030년경에는 다수 인종이 될 가능성이 높다는 거예요.

가장 큰 문제는 소수 인종 우대 정책이 소수 인종들의 경쟁력을 약화시키고 있다는 주장이에요. 국가가 소수 인종들을 위해 제공하는 여러 가지 혜택들이 소수 인종들의 자립 의지를 약화시켜 그들의 성공적인 삶을 방해하고 있다는 거지요.

한편 미시간 주는 2006년 모든 공립대학 기관이 입학 심사 때 인종, 성별, 피부색에 근거하여 차별하거나 선호할 수 없도록 하는 법안을 발의하였고, 주민 투표를 통해 이를 가결했어요. 이 법안은 2003년 연방대법원의 판결에 대한 미시간 주민들의 불만이 표출된 결과라고 볼 수 있어요.

과거 소수 인종들은 사회적 약자였고, 국가는 그런 사회적 약자들을 배려하기 위한 정책을 만들었어요. 그런데 사회적 약자들을 위한 배려가 항상 좋은 점만 있는 건 아니에요. 앞에서도 살펴보았듯이 사회적 약자에 대한 배려가 오히려 그들을 편견과 선입견으로 바라보는 결과를 초래할 수도 있기 때문이지요.

'사회적 약자에 대한 배려는 분명 필요한 정책인가?'

이 물음에 대한 답은 조금씩 다를 수 있겠지만 그 정책을 시행함에 있어 반드시 병행되어야 할 것이 사회적 합의라고 볼 수 있어요. 사회적 약자를 바라보는 일반 국민들의 성숙한 의식이 부족하다면 아무리 훌륭한 정책이라 하더라도 좋은 결과를 가져올 수는 없기 때문이지요.

# 농어촌 특별 전형에 대하여

농어촌 특별 전형은 도시 지역에 비해 열악한 교육 환경을 가진 농어촌 고교생들의 입시를 돕기 위해 만들어진 전형이에요. 이 전형은 농어촌 지역 학생들을 돕기 위한 전형이지만 다른 한편으로는 도시 집중화를 막고 농어촌 지역을 발전시키기 위한 방안이라고도 볼 수 있어요.

젊은이들이 농촌에 살지 않고 도시로 떠나는 가장 큰 이유 중 하나는 교육 환경 때문이에요. 젊은 부모들이 농촌에서 터를 잡고 살고 싶어도 아이들의 교육을 생각하면 도시로 갈 수밖에 없는 것이 지금의 현실이지요. 이런 농촌 지역의 문제점을 해결하기 위해 나온 방법 중 하나가 바로 농어촌 특별 전형이에요.

농어촌 특별 전형은 1994년 연세대학교를 시작으로 1995년에 전국 대학교로 확대되었어요. 농어촌 특별 전형은 대학 입학 시 농어촌 지역 학생들에게 가산점을 주는 제도가 아니고, 농어촌 지역 학생들끼리 경쟁하여 입학생을 선발하는 제도예요.

또 이 전형은 입학 정원 내에서 농어촌 지역 학생들을 선발하는 것이 아니라 정원 외로 4% 정도를 별도로 선발하는 제도예요. 만약 정원 내에서 농어촌 학생들을 선발하게 되면 도시 지역 학생들이 그만큼 피해를 보기 때문에 정원 외로 선발하도록 한 거예요.

농어촌 특별 전형으로 대학을 가기 위해서는 몇 가지 자격 조건을 충족해야 해요. 먼저 이 전형은 읍, 면 지역에 있는 일반 고등학교 학생들이 지원할 수 있어요. 단, 과학 고등학교나 외국어 고등학교, 예술 고등학교, 체육 고등학교 등에 다니는 학생들은 읍, 면 지역에 있다고 하더라도 이 전형에 지원할 수가 없어요.

농어촌 특별 전형의 개인 자격 조건은 두 가지 종류가 있어요. 한 가지는 부모와 학생 모두 읍이나 면 지역에서 6년간 거주해야 해요. 그러니까 학생은 읍, 면 지역에 있는 중학교 3년, 고등학교 3년을 다녀야 지원 가능하고, 부모도 이 지역에서 6년을 함께 거주해야 지원 가능해요. 처음 이 제도를 시행할 때에는 3년간 읍, 면 지역의 고등학교에 재학하면 가능했는데, 농어촌 특별 전형을 위해 도시에서 시골로 전학하는 경우를 막기 위해 2016년부터는 6년으로 의무화했어요.

부모가 읍, 면 지역에 살고 있지 않더라도 학생 본인이 초, 중, 고 12년을 읍, 면 지역에서 다녔을 경우에도 이 전형에 지원할 수 있어요. 부모가 직장 때문에 도시에 나가 있고, 농어촌의 조부모 밑에서 생활하는 학생들을 배려한 조건이라고 볼 수 있지요.

농어촌 특별 전형에 대해 많이 오해하고 있는 부분이 한 가지 있는데, 그것은 '실력 없는 학생들이 좋은 대학에 들어간다'는 거예요. 하지만 실제로는 그렇지 않아요. 농어촌 특별 전형은 그 모집 인원이 적기 때문에 오히려 경쟁률이 일반 전형보다 높을 수 있어요. 또 요즘은 인터넷의 영향으로 도시 지역과 농어촌 지역 간의 교육 수준이 별로 차이 나지 않기 때문에 일반 전형의 점수와 비슷하거나 더 높은 경우도 생기고 있어요.

농어촌 특별 전형이라고 해서 쉽게 대학교를 들어가는 것도 아니고, 때에 따라서는 오히려 일반 전형보다 더 어려운 경우도 있으니 잘 살펴보고 자신에게 맞는 전형을 선택하는 것이 바람직한 방법이에요.

# 제4장

# 돈이냐 휴식이냐, 이것이 문제로다!

## 경제에 관한 재판

# 12.

## 노동 시간을 법으로
## 정하는 것은 정당한가?

① 소송 시기: 1902년

② 소송을 제기한 사람: 뉴욕 주 제과업자 조셉 로크너

③ 소송을 당한 사람: 뉴욕 주 정부

④ 판결 시기: 1905년(미국 연방대법원)

⑤ 판결: 제과점 노동자의 최대 노동 시간을 정한 뉴욕 주의 제과점법은 계약의
   자유를 침해했으므로 헌법에 위배된다.

▲ 미국의 다큐멘터리 사진가 루이스 하인이 촬영한 1900년대 어린 노동자들

# 소송 내용과 판결

'노동 시간을 법으로 정해도 되는가?'

노동을 하지 않는 여러분이 들으면 조금 이상하게 들릴지도 모르겠어요. 자유 민주주의 국가에서 개인의 일하는 시간을 법으로 정한다는 것은 독재 국가에서나 가능한 일이라고 생각할 수도 있으니까요.

민주주의 국가는 자신이 일한 만큼 대가를 받는 사회이기 때문에 인간이라면 누구나 열심히 일해서 많은 돈을 벌려고 할 거예요. 여러분의 할아버지, 할머니 세대는 모두 그런 생각으로 살아오셨어요. 그 시대에는 먹을 것이 풍족하지 못했기 때문에 어떻게 해서든 열심히 일해서 가족을 먹여 살리려고 애를 썼지요.

아마도 몸이 허락한다면 하루 24시간 동안 쉬지 않고 일해서 가족을 부양

하려고 했을 거예요. 열심히 일하겠다는데 그것을 말릴 사람은 없었어요. 말려서도 안 되는 일이었고요. 그런데 어느 순간부터 개인의 일하는 시간을 법으로 정하기 시작했어요. 이제는 열심히 일해서 많은 대가를 바라는 것이 힘들게 된 거예요. 예를 들어 하루 15시간을 일해서 12만 원을 받는 사람이 있었는데 이제는 법으로 하루 8시간만 일할 수 있게 되었고, 대가도 7만 원만 받을 수 있게 된 거예요.

사람마다 더 많은 돈을 벌고 싶은 사람도 있고, 돈보다는 더 많은 휴식을 바라는 사람도 있을 거예요. 돈을 원하는 사람 입장에서는 법으로 노동 시간을 정하는 것에 대해 당연히 불만이 있을 거예요.

그렇다면 왜 법으로 개인의 노동 시간을 정한 것일까요? 그냥 개인의 자유 선택으로 남겨 두면 되지 않을까요? 노동 시간을 법으로 정한 데에는 다 그럴 만한 이유가 있었어요. 그건 노동자의 건강과 안전을 위한 조치였어요.

노동자의 노동 시간을 법으로 정하자는 주장이 가장 먼저 나온 것은 산업 혁명이 일어난 영국에서였어요. 산업 혁명 초기 영국의 노동자들은 공장에서 하루 12~16시간 일했고, 그 보수는 매우 적었어요. 저임금, 장시간 노동에 시달린 거예요.

또 산업 혁명 초기의 공장들은 대부분 비위생적이고, 제대로 된 안전장치도 마련되지 않은 상태였어요. 그러다 보니 많은 노동자들이 건강을 해치거나 공장에서 사고로 사망하는 사건이 일어나기도 했어요. 이때부터 노동자의 노동 환경을 개선하자는 목소리가 나오기 시작한 거예요.

산업 혁명 초기 노동자들은 마치 기계처럼 일했고, 이때에는 여자들과 어린이들까지 고된 노동에 시달려야 했어요. 그렇다고 이들에게 많은 대가를 준 것은 아니었기 때문에 노동자들은 비인간적인 대우를 받으며 일하고 있었던 거예요. 이런 이유로 정부는 노동자의 노동 시간과 환경을 법으로 정하여 노동자가 인간다운 생활을 할 수 있도록 만들었어요.

영국의 뒤를 이어 산업 혁명이 일어난 미국에서도 노동자들은 장시간 노동에 시달려야 했어요. 미국에서 노동 시간 제한을 요구하는 움직임은 광산, 철도, 건설 노동자들에 의해 19세기 말부터 시작되었어요. 이들은 노동 시간을 정하여 여가 시간을 확보하고, 비위생적이고 안전하지 않은 환경에서 일하는 시간을 줄여 노동자들의 건강을 지키자고 주장했어요. 그 결과 일부 주에서는 노동 시간을 하루 8시간으로 제한하는 법률을 제정했어요.

1895년 뉴욕 주 의회는 제과점을 운영하는 사업자들을 대상으로 제과점 노동자들의 노동 시간을 주당 60시간, 하루 10시간으로 제한하는 '제과점법'을 제정했어요. 또 제과점법에는 제과점의 위생 관련 사항도 포함되었어요. 노동자들이 좀 더 위생적인 환경에서 일하도록 하여 소비자들도 위생적인 빵을 먹을 수 있게 하려는 의도였지요.

이 법이 제정될 무렵 미국 사회에서는 많은 분야에서 주당 10시간 노동이 정착되어가고 있었는데, 경쟁이 심했던 제과점 업계에서는 많은 노동자들이 열악한 환경에서 장시간 노동에 시달리고 있었어요. 물론 제과점 노동자들은 광산에서 일하는 노동자들보다는 위험한 환경에 노출되지 않았지만 이들도 빵을 굽는 화덕의 높은 온도, 가스, 연기에 노출되어 있었어요.

이런 상황에서 1894년 뉴욕 주에서 유대인 제과점 노동자가 사망하는 사건이 발생했어요. 언론은 이 사건을 보도하면서 제과점의 열악한 환경과 위생 상태를 고발했고, 뉴욕 주 의회는 사망 사건 발생 8개월 후 제과점법을 제정했던 거예요.

사람들은 제과점법이 제정되면 노동자들이 보다 위생적인 환경에서 일하게 되어 질 좋은 빵을 먹을 수 있을 것이라고 기대했어요. 하지만 현실은 그렇지 않았어요. 당시 뉴욕 주의 제과점 업계는 크게 두 부류로 나뉘어 있었어요. 하나는 기업이 운영하는 대규모 제과점이고, 다른 하나는 개인이 운영하는 영세 제과점이었어요.

기업이 운영하는 대규모 제과점은 제과점법이 시행되더라도 큰 문제가 없었어요. 이들 대규모 제과점은 이미 설비도 현대화되어 있었고, 노동자들의 노동 시간을 10시간 이내로 제한해도 교대 작업 제도가 정착되어 있었기 때문에 아무런 문제가 없었어요.

반면 영세 제과점들은 많은 노동자들을 장시간, 저임금으로 고용하고 있었어요. 작업 환경 또한 열악했지요. 만약 노동 시간이 제한되면 이들 영세 제과점은 대규모 제과점을 상대로 살아남기가 힘든 상황이었어요. 이에 영세 제과점 주인들은 제과점법을 따르는 것이 불가능하다고 주장했고, 제과점법은 대규모 제과점을 위해 영세 제과점을 죽이는 것이라고 비난했어요. 영세 제과점 주인들은 별도로 조합을 결성하여 제과점법의 문제점을 밝히려고 노력했어요.

1902년 뉴욕 주에 사는 영세 제과업자 조셉 로크너는 자신의 제과점에서 일하는 노동자를 주당 60시간 이상 일하게 했다는 이유로 벌금형을 선고받게 되었어요. 그런데 로크너는 벌금 납부를 거부했고, 조합의 도움을 받아 제과점법이 계약의 자유를 침해했다면서 소송을 제기했어요.

로크너는 제과점의 작업 환경이 노동자의 건강을 해칠 만큼 위험하지 않으며, 노동자의 최대 노동 시간을 정한 제과점법은 수정 헌법 제14조가 규정하고 있는 자유로운 계약을 침해한 것이므로 헌법에 위배된다고 주장했어요. 반면 뉴욕 주 정부는 제과점법이 노동자의 건강과 권리를 보호하고, 위생적인 제품을 만들기 위한 최소한의 조치이므로 아무런 문제가 없다고 주장했어요.

로크너의 소송을 심리한 뉴욕 주 지방법원은 제과점법이 헌법을 위반하지 않았다고 보고 뉴욕 주 정부의 손을 들어주었어요. 이에 로크너는 곧바로 항소했고, 뉴욕 주 항소 법원도 1심과 마찬가지로 뉴욕 주 정부의 손을 들어주었어요. 1심과 2심에서 모두 패한 로크너는 이에 굴하지 않고 사건을 연방대법원으로 끌고 가는 데 성공했고, 연방대법원은 1905년 대법관 5 대 4의 선택으로 로크너의 손을 들어주었어요.

5명의 대법관은 뉴욕 주의 제과점법이 수정 헌법 제14조가 규정한 계약의 자유를 침해했다고 판단했어요. 수정 헌법 제14조는 정부가 적법한 절차 없이 개인의 생명, 자유, 재산을 강탈할 수 없다고 규정하고 있고, 일반 대중의 안전이나 공공의 이익 등을 위해서는 일부 개인의 권한을 제한할 수 있도록 규정하고 있어요.

5명의 대법관은 제과점법의 경우 일반 대중의 안전이나 공공의 이익과 별 상관이 없고, 단지 개인과 개인 간의 계약 문제에 해당되기 때문에 계약의 자유를 침해했다고 판단한 거예요. 또 이들은 제과점 노동자가 수행하는 업무가 광산 노동자들처럼 건강을 해치는 위험한 일이 아니기 때문에 정부가 이에 관여할 필요는 없다고 보았어요. 만약 제과점 노동자의 업무가 건강을 해치는 것이라면 사무실에서 일하는 노동자도 햇빛을 볼 수 없는 환경에 있기 때문에 건강에 해롭다는 주장을 할 수 있다는 이유를 들었어요.

또 5명의 대법관은 노동자가 과로하지 않았을 때 청결을 유지할 가능성이 높고, 그 결과 빵의 품질도 뛰어날 것이라는 뉴욕 주 정부의 주장에 대해서도 노동자의 노동 시간과 빵의 청결과 품질은 서로 연관 관계가 희박하다고 보았어요. 설령 연관 관계가 조금 있다고 하더라도 그 문제를 두고 정부가 관여하기에는 그 이유가 빈약하다고 판단했어요.

대법관 5명은 이런 이유를 들어 제과점 노동자의 노동 시간을 규정한 제과점법은 개인의 자유와 자유롭게 계약할 권리를 침해했기 때문에 위헌이라고 판단했어요.

# 이의(반대 의견) 있어요!

로크너 소송에서 반대 의견을 낸 4명의 대법관 중 한 명인 홈즈 대법관은 연방대법원의 판단에 문제가 있음을 지적했어요. 홈즈 대법관의 반대 의견은 역사적으로 유명한 명문으로 지금까지 평가받고 있어요.

이번 로크너 소송의 쟁점은 제과점의 환경 상태가 정부가 개입할 정도로 위험한 상황인가, 그렇지 않은가의 문제라고 볼 수 있어요. 대법원 판결에서는 공중 보건, 안전, 복지 등을 위해서는 개인의 기본적인 권리를 제약할 수 있는데 제과점의 상황은 공중 보건, 안전, 복지 등과는 크게 관련성이 없기 때문에 정부가 개입해서는 안 된다고 본 거예요.

한편 반대 의견을 낸 4명의 대법관은 제과점의 환경이 매우 열악하고, 노동자의 건강을 해칠 정도로 위험하다고 보았어요. 즉, 같은 상황에 대해 서로 정반대의 의견을 낸 거예요. 어떻게 이런 일이 벌어졌을까요? 똑같은 상황을 두

고 서로 상반되는 판결이 나온다면 과연 누가 법을 신뢰할 수 있을까요?

이런 결과가 나타난 것은 결국 판사들이 법률에 의한 판단이 아니라 개인적인 견해로 판단했기 때문이라고 볼 수 있어요. 이에 홈즈 대법관은 "대다수의 국민이 원하지 않는 경제 이론에 근거하여 결정되었다"고 비판했어요. 홈즈 대법관이 이런 말을 한 이유가 있었어요. 로크너 소송 판결 당시 대법관 9명 중 로크너의 손을 들어준 5명의 대법관은 모두 자유방임주의 경제 이론을 지지하는 사람들이었어요.

자유방임주의 경제 이론은 쉽게 말하면 정부가 기업의 경제 활동에 최대한 관여하지 않는 것을 의미해요. 정부의 규제가 적으면 적을수록 기업은 자유로운 경제 활동으로 많은 이익을 낼 수 있고, 그렇게 함으로써 경제가 발전할 수 있다고 주장하는 이론이에요. 하지만 정부 입장에서는 자유방임주의 경제 이론만을 지지할 수 없어요. 왜냐하면 대기업 경영자들은 자유로운 경제 활동을 부르짖으면서 안으로는 자신들만의 이익을 챙기려고 부정부패를 저지르는 경우가 많았기 때문이에요. 정부는 이런 대기업들의 횡포를 막아야 했기 때문에 일정 부분 기업의 경제 활동에 관여할 수밖에 없었던 거예요.

자유방임주의 경제 이론은 당연히 기업 경영자들이 선호했고, 보수적인 정치인들도 지지하는 이론이었어요. 앞에서 말했듯이 로크너 소송 당시 대법관 9명 중 로크너의 손을 들어준 5명의 대법관은 자유방임주의 경제 이론을 지지하는 사람들이었어요.

뉴욕 주의 제과점법은 정부가 기업 활동을 규제하는 법이었기 때문에 자유방임주의 경제 이론을 지지하는 대법관들 입장에서는 불편한 법률이었어요. 그런 까닭에 5명의 대법관은 1심과 2심의 결과를 무시하고 자신들의 개인적인 견해로 로크너의 손을 들어주었던 거예요. 하지만 누가 보더라도 당시 제과점의 근로 환경은 열악했고, 그런 환경에서는 노동 시간을 법으로 정해서 노동자의 건강을 지켜 주어야 했어요. 1심과 2심은 그런 상황을 고려하여 뉴욕 주의 제과점법이 합리적이라고 판단해 뉴욕 주 정부의 손을 들어주었던 거예요. 그러나 대법원은 법률에 의한 합리적인 판단을 하지 않았고, 자신들이 선호하는 경제 이론에 근거하여 개인적인 판단을 내렸어요. 홈즈 대법관은 바로 그런 점을 지적했던 거예요.

홈즈 대법관은 "헌법은 근본적으로 견해를 달리하는 모든 사람들을 위해 만들어졌는데, 그런 헌법이 개인적인 견해의 영향을 받아서는 안 된다"고 말했어요. 수정 헌법 제14조에서 말하는 계약의 자유도 절대 다수의 의견이 반영된 자연스러운 결과물(제과점법)을 막아서는 수단으로 이용된다면 그것은 헌법의 의미를 왜곡하는 것이라고 보았어요. 홈즈 대법관의 이 말을 요약하면 5명의 대법관은 개인적인 견해로 헌법의 의미를 왜곡하는 판단을 내렸다는 거예요.

마지막으로 홈즈 대법관은 뉴욕 주의 제과점법이 심하게 규탄받을 만큼 나쁘지 않음을 증명하는 데에는 많은 노력이 필요치 않고, 이성적인 사람이라면 건강의 측면에서 적절한 조처라고 생각할 것이라고 말했어요.

## 소송을 바라보는 눈

지금은 대다수의 국가에서 노동자들의 노동 시간을 법률로 제한하고 있어요. 노동자들의 건강과 안전을 고려해 내린 정부 차원의 규제인 셈이에요.

로크너 소송 당시에도 여러 산업 분야에서 노동 시간을 제한하자는 움직이고 일어나고 있었어요. 일부 주에서는 노동 시간을 제한하는 법률을 제정한 상태였고요. 노동자의 노동 시간 제한은 전체 사회의 큰 흐름이었다고 볼 수 있어요. 그런데 로크너 소송에서 대법원이 로크너의 손을 들어줌으로써 많은 비판을 받을 수밖에 없었어요.

당시 소송을 제기했던 로크너와 같은 영세 제과점 업자들은 대법원의 판결에 환호했겠지만 그것은 올바른 판단이 아니었어요. 누가 보더라도 당시 영세 제과점의 작업 환경은 열악했고, 심지어 제과점 노동자가 사망하는 사고까지 난 상황에서 뉴욕 주의 제과점법은 매우 적절한 규제였기 때문이지요. 그런 까닭에 로크너 소송에서 대법원의 판결은 많은 노동자들의 건강과 안전을 무시한 매우 부적절한 판단이었다고 볼 수 있어요.

로크너 소송 판결 이후 제과점 노동자들의 노동 시간은 어떻게 되었을까요? 연방대법원의 판결이 나고 7년 뒤인 1912년 뉴욕 주 정부는 제과점 업자들과 협의를 거쳐 노동자의 노동 시간을 하루 10시간으로 정했어요. 로크너 소송 무렵부터 노동 시간을 법률로 정하는 문제는 많은 업종에서 진행 중에 있었기 때문에 뉴욕 주의 영세 제과점 업자들도 더 이상 자신들의 입장만 주장할 수가 없었던 거예요.

미국은 1938년 연방법으로 도입된 '공정 노동 기준령'을 전국적으로 시행했는데 이는 노동자의 하루 8시간, 주 40시간 근무를 표준으로 하는 법률이었어요. 지금은 많은 나라에서 하루 8시간, 주 40시간 노동 시간을 법률로 정해 시행하고 있어요.

아직도 기업을 운영하는 경영자들은 정부가 경제 활동에 개입하는 것을 꺼

리고 있는 상황이에요. 이들은 정부의 규제가 적을수록 자유로운 활동을 할 수 있고, 이를 통해 경제가 더 발전할 수 있다고 주장하고 있어요. 하지만 기업 경영자들의 말처럼 정부가 기업 활동에 개입하지 않으면 더 많은 문제점이 나타나기 때문에 정부로서는 규제를 할 수밖에 없는 상황이에요. 정부의 규제가 없으면 대기업이 시장을 독점하는 경우도 많고, 부정부패를 저지르는 경우도 생기기 때문이지요.

그렇다면 기업 경영자들의 말처럼 정부의 규제가 적으면 나라 경제는 더 발전할 수 있는 것일까요? 물론 규제가 많으면 경제가 위축될 수도 있겠지만 적절한 규제는 기업 경영자, 노동자 모두에게 이득을 가져올 수도 있어요.

예를 들어 일만 열심히 하는 노동자가 있다고 가정해 보세요. 그는 하루 종일 일만 하기 때문에 소비를 할 시간이 없을 거예요. 노동자는 생산자인 동시에 소비자이기도 한데 소비가 활발하지 않으면 그 사회는 발전할 수가 없어요.

미국에서 포드 자동차를 운영했던 헨리 포드는 노동 시간 제한을 반영하여 포드 자동차 노동자들의 임금을 올리고, 작업 시간을 단축했어요. 기업 경영자의 입장에서 임금을 올리고, 작업 시간을 단축하는 것은 막대한 손해를 보는 결정이었어요.

포드 자동차의 노동자들은 임금이 오르고 여가 시간이 생기자 제일 먼저 자신들이 만든 자동차를 구매했어요. 회사의 매출이 늘어나는 것은 당연한 일이었지요. 회사의 매출이 늘어나면 노동자들의 임금은 또 오르게 되고, 더 여유 있는 생활을 할 수 있지요. 경제는 이렇게 순환해야 발전할 수 있는 거예요.

우리나라의 경우 예전에 대형마트와 시장 상인들 간에 갈등이 있었어요. 대형마트가 곳곳에 들어서자 중소 유통 업체와 시장 상인들은 생존할 수가 없었어요. 대형마트와의 경쟁에서 이길 수가 없었던 거지요.

이렇게 되자 정부 차원에서 이 문제에 개입할 수밖에 없었어요. 대형마트와 중소 유통 업체, 시장 상인 모두가 살아남을 수 있는 방법이 필요했어요. 그래서 정부는 대형마트의 영업시간을 제한하는 법을 만들었어요. 즉, 대형마트는 자정부터 오전 8시까지 영업을 할 수 없도록 하고, 매월 두 번의 의무 휴일을 지정했어요. 그러자 대형마트는 이 법에 대해 소송을 제기했고, 이에 대법원은 정부의 손을 들어주었어요. 대형마트, 중소 유통 업체, 시장 상인 모두가 함께 상생해야 국가 경제가 발전할 수 있다는 판단에서 내린 결정이었어요.

정부의 규제가 많으면 경제가 위축될 수 있고, 또 정부의 규제가 적으면 부정부패가 생길 수 있기 때문에 정부의 적절한 규제가 무엇보다 중요하다고 볼 수 있지요.

# 노동 시간의 역사

노동자의 법정 근로 시간이 처음으로 제정된 나라는 영국이에요. 영국은 18세기 말 일어난 산업 혁명으로 많은 노동자들이 저임금, 장시간 노동에 시달리고 있었어요. 당시 영국의 노동자들은 하루 12~16시간, 주당 90~100시간 일하고 있었어요.

장시간 노동으로 인해 건강을 해치고, 심지어 사망하는 사고가 빈번하게 일어나자 많은 노동자들은 노동 시간 단축을 주장하며 투쟁하였고, 이에 영국은 1833년 '공장법'을 제정하여 9~13세의 아동은 하루 9시간, 주당 48시간으로 노동 시간을 제한했고, 18세 미만의 아동에 대해서는 하루 12시간, 주당 69시간으로 제한했어요. 또 1844년에는 성인의 하루 노동 시간을 12시간으로 제한하는 법을 제정했어요.

프랑스도 1848년 성인의 하루 노동 시간을 12시간으로 제한하는 법률을 제정했어요. 영국보다 산업 혁명이 늦게 일어난 미국도 산업 혁명 초기에는 장시간 노동에 시달려야 했어요. 19세기 중반 일부 주에서 하루 8시간으로 노동 시간을 제한하는 법률이 만들어지기도 했는데, 대다수의 주에서는 노동 시간을 단축하는 법률이 없었어요.

19세기 후반이 되면서 광산 근로자의 경우 하루 8시간의 노동 시간이 법률로 정해졌고, 앞에서 살펴본 제과점법으로 제과점 노동자의 노동 시간이 하루 10시간, 주당 60시간으로 정해졌어요.

1919년에는 국제 노동 기구가 노동자의 하루 최대 노동 시간을 8시간, 주당 48시간으로 제한하는 조약을 체결했고, 1935년에는 주당 40시간으로 제한하는 조약을 체결했어요. 지금은 국제 노동 기구의 조약 체결에 따라 많은 나라에서 하루 8시간, 주당 40시간의 노동 시간을 법률로 정해 놓고 있어요.

우리나라의 근로기준법에 따르면 성인 노동자의 하루 최대 노동 시간은 하루 8시간, 주당 40시간 이내로 규정하고 있어요. 만약 당사자가 합의하면 주당 12시간 이내에서 추가로 근무할 수 있도록 했어요. 그렇다면 노동자의 주당 노동 시간은 최대 52시간이 되는 셈인데, 실제로는 16시간을 더 합쳐서 68시간까지 일할 수 있었어요.

어떻게 이런 일이 가능했을까요? 한 주를 이야기할 때 평일(월요일~금요일)과 휴일(토요일, 일요일)을 함께 볼 것이냐, 아니면 평일로만 볼 것이냐의 차이가 있었어요. 그러니까 주당 최대 68시간을 노동 시간으로 인정한 것은 한 주의 개념을 평일로만 보았던 거예요. 평일 최대 노동 시간을 52시간으로 하고, 휴일인 토요일과 일요일에 근무할 수 있는 16시간을 합치면 주당 최대 68시간 일할 수 있게 된 거지요. 이처럼 노동자의 주당 최대 노동 시간을 68시간으로 인정하게 되자 노동자들은 근로 시간 단축을 주장했어요. 노동자들은 한 주를 평일과 휴일을 합친 것이라고 보아야 하고, 주당 최대 근로 시간은 52시간이 되어야 한다고 주장한 거예요.

2018년 2월 국회는 근로기준법 개정안을 국회에서 통과시켰는데 주당 최대 노동 시간을 52시간으로 제한했어요. 이 개정안은 2018년 7월 1일부터 시행되었어요.

우리나라는 경제협력개발기구 회원국 가운데서도 노동 시간이 많은 나라 중 하나예요. 2017년 기준으로 우리나라 노동자의 연평균 노동 시간은 2,024시간이에요. 연평균 노동 시간이 가장 적은 나라는 독일로 1,356시간, 그다음이 덴마크로 1,408시간, 노르웨이가 1,419시간, 네덜란드가 1,433시간, 프랑스가 1,514시간이에요. 이웃 나라인 일본은 1,710시간이에요.

경제협력개발기구 회원국 중 우리나라보다 노동 시간이 긴 나라는 멕시코와 코스타리카 두 나라뿐이에요. 멕시코는 연평균 노동 시간이 2,257시간, 코스타리카는 2,179시간이에요. 우리나라도 예전보다는 노동 시간이 많이 줄어들고 있는 상황이에요. 2008년에는 2,209시간, 2012년에는 2,103시간, 2016년에는 2,069시간이었어요.

노동 시간 단축이 반드시 좋은 것만은 아닐 수도 있지만 노동자의 건강, 안전, 복지, 그리고 인간다운 삶을 생각한다면 적절한 노동 시간은 필요하다고 볼 수 있지요.

# 13.

## 최저 임금 제도는
## 계약의 자유를 위반한 것인가?

① 소송 시기: 1933년

② 소송을 제기한 사람: 호텔 종업원 엘시 패리시

③ 소송을 당한 사람: 웨스트 코스트 호텔

④ 판결 시기: 1937년(미국 연방대법원)

⑤ 판결: 최저 임금법은 계약의 자유를 위반한 것이 아니며, 호텔 측은 최저 임금법에 의거하여 패리시에게 밀린 임금을 지급해야 한다.

▲ 최저 임금 제도는 뉴질랜드가 1894년 처음으로 시행했고 호주 1907년, 캐나다 1918년, 미국 1938년, 프랑스 1950년, 일본 1959년, 우리나라는 1988년부터 시행했다.

# 소송 내용과 판결

인간은 노동을 해서 삶을 영위하는 동물이에요. 좀 더 구체적으로 말하면 인간은 노동을 해서 받은 대가로 자신의 삶을 살아가지요. 부자들은 노동을 하지 않고 잘산다고 말할 수도 있지만 그들 역시 부자가 되기까지 힘든 노동을 경험했다고 볼 수 있지요.

인간이라면 누구나 자신의 노동에 대해 정당한 대가를 원해요. 요즘은 정부 차원에서 노동에 대한 대가를 정당하게 지불하도록 관리하고 있기 때문에 억울하게 피해를 보는 경우는 많지 않아요. 하지만 불과 몇 십 년 전만 해도 사람들이 자신의 노동에 대해 정당한 대가를 지급받지 못했어요.

앞에서 살펴보았듯이 많은 사람들이 산업 혁명 초기에는 장시간, 저임금에 시달리고 있었어요. 기업을 경영하는 사람들은 가능하면 적은 임금을 주고 직원을 고용하려고 할 거예요. 반대로 노동자들은 가능하면 많은 임금을 받으려고 하겠지요. 기업의 경영자와 노동자가 서로 합리적으로 협의해서 임금을 결정하면 아무런 문제가 없겠지만 과거에는 그렇지가 않았어요.

과거 노동자들은 기업 경영자가 주는 대로 받을 수밖에 없었어요. 일할 사람들은 얼마든지 있었기 때문에 노동자는 적은 임금을 받고도 장시간 힘든 일을 할 수밖에 없었지요.

당시에는 이런 문제에 대해 정부에서도 적극적으로 나서질 못했어요. 시간이 지나면서 노동자들의 열악한 환경을 개선해야 된다는 목소리가 높아지기 시작했고, 그때부터 노동 시간과 임금에 대해 정부가 개입하기 시작했어요.

1933년 미국 워싱턴 주 웨나치라는 도시의 한 호텔에서 일하던 엘시 패리시라는 여성이 법원에 소송을 제기했어요. 패리시는 정당한 임금을 받지 못했다는 이유로 소송을 제기한 거였어요.

워싱턴 주는 1932년 여성을 위한 '최저 임금법'을 법률로 제정했어요. 최저 임금법에 따르면 당시 여성들의 최저 임금은 주당 14.5달러였어요. 하지만 패리시는 최저 임금보다 낮은 주당 12달러를 받고서 일하고 있었어요.

패리시는 자신이 워싱턴 주가 정한 최저 임금보다 낮은 임금을 받고 있다는 사실을 알고 호텔 측에 그동안 밀린 임금을 달라는 소송을 제기한 거였어요.

호텔 측은 패리시와 정당하게 임금 계약을 했기 때문에 아무런 문제가 없다고 주장했어요. 또 워싱턴 주의 최저 임금법이 위헌적인 요소가 있다고 비판했어요.

1심 소송을 맡은 워싱턴 주 지방법원은 워싱턴 주의 최저 임금법이 위헌적인 요소가 있다고 판단하여 호텔 측의 손을 들어주었어요. 패리시는 곧바로 항소했고, 워싱턴 주 최고 법원은 최저 임금법이 정당하다는 판결을 내렸어요.

1심과 2심이 서로 상반되는 결론을 내리자 소송은 연방대법원으로 올라갔어요. 패리시 소송이 연방대법원에 올라갔을 때 대다수의 사람들은 대법원이 호텔 측의 손을 들어줄 것이라고 예상했어요.

사람들이 그렇게 예상한 이유가 있었어요. 1900년대 초반, 즉 1905년 최대 노동 시간에 대한 대법원의 판결 때부터 9명의 연방 대법관들은 개인적 견해에 따라 판결을 내리는 경우가 많았어요. 최대 노동 시간 소송에서도 자유방임주의를 지지하는 보수 대법관 5명이 로크너의 손을 들어주었고, 패리시 소송 당시에도 연방대법원의 대법관 9명 중 보수 성향의 대법관은 5명이었어요.

사람들은 패리시 소송에서도 정부가 관여해 만든 최저 임금법을 보수 성향의 대법관들은 부정적으로 바라볼 것이라고 생각했어요. 그런 까닭에 연방대법원의 결론은 5 대 4로 최저 임금법에 위헌 요소가 있다는 쪽으로 판결날 것이라고 예상했던 거예요. 그런데 연방대법원은 사람들이 예상한 것과는 다른 결론을 내렸어요. 보수 성향의 로버츠 대법관이 기존과는 다른 판단을 했던 거예요.

1937년 연방대법원은 패리시 소송에서 대법관 5 대 4의 선택으로 워싱턴 주의 최저 임금법이 정당하다는 판결을 내렸어요. 연방대법원은 최저 임금법이 수정 헌법 제14조의 계약의 자유를 침해했다는 호텔 측의 주장에 대해 헌법은 계약의 자유를 직접 언급하지 않는다고 밝혔어요. 수정 헌법 제14조는 적법한 절차 없이 계약의 자유를 침해하는 것을 금지하는 것이지, 절대적인 자유를 말하는 것은 아니라고 보았어요. 연방대법원은 최저 임금법이 공동체의 이익을 위해 제정된 합리적인 법규이므로 적법한 절차에 의한 법률이라고 판단했어요.

패리시의 손을 들어준 5명의 대법관은 수정 헌법 제14조에서 계약의 자유를 말하고 있지만 국가는 언제든지 계약 행위에 개입할 수 있다고 밝혔어요.

호텔 측은 계약 당사자가 이미 성년이기 때문에 이성적인 판단으로 동등한 입장에서 자유롭게 계약을 했다고 주장하고 있지만 계약 당사자인 패리시와 호텔 측은 동등한 입장이라고 볼 수 없다고 판단했어요. 즉, 패리시는 당시 여성들이 처한 상황을 생각하면 협상 능력도 떨어지고, 약자의 입장이기 때문에 국가가 개입할 이유가 충분하다고 본 거예요.

또 5명의 대법관은 호텔 측에서 "워싱턴 주의 여성을 위한 최저 임금법이 남성 노동자들을 배려한 사항이 없기 때문에 차별의 소지가 있다"고 주장한 부분에 대해서도 설득력이 없다고 판단했어요. 하나의 법은 그 목적을 위해 존재하는 것이지, 다른 영역까지 확장해서 다룰 의무는 없다고 본 거예요.

워싱턴 주의 여성을 위한 최저 임금법은 여성을 위한 법률이지 남성을 위한 법률은 아니기 때문에 남성 노동자까지 확대해서 생각할 필요는 없다는 거였어요. 만약 호텔 측의 주장대로 남성 노동자들이 심한 차별을 받고 있다고 한다면 그에 대한 법률을 제정해야 하는 것이지, 이미 존재하는 법률에 남성을 배려하는 부분이 없다고 말하는 것은 매우 어리석은 생각이라고 보았어요.

아무튼 연방대법원의 판결로 한동안 지속되었던 보수적인 판결은 종지부를 찍었어요. 이때부터 정부가 노동자의 삶에 개입해야 한다는 주장이 설득력을 얻었고, 노동자들은 기업의 횡포로부터 보호받을 수 있는 안전장치를 얻게 되었어요.

# 이의(반대 의견) 있어요!

패리시 소송에서 모두의 예상과는 전혀 다른 결과가 나오자 자유방임주의 경제 이론을 외쳤던 보수 진영은 일대 혼란에 빠졌어요. 정부가 기업 활동에 개입하지 않기를 바랐던 기업 경영자들 역시 혼란스럽기는 마찬가지였지요.

패리시 소송의 최저 임금 문제는 1905년에 있었던 최대 노동 시간 문제와 매우 흡사한 사건이라고 볼 수 있어요. 겉으로 드러난 문제는 최대 노동 시간과 최저 임금 제도였지만 궁극적으로는 정부가 기업 활동에 관여해야 하느냐, 아니면 시장 상황에 그대로 맡겨야 하느냐의 문제였기 때문이에요.

연방대법원은 1905년 최대 노동 시간 판결에서는 기업의 손을 들어주었고, 1937년 최저 임금 소송에서는 정부의 손을 들어주었어요. 문제는 나중의 판결이 앞으로도 계속 지속된다는 데 있었어요. 그러니까 앞으로는 정부가 공동체의 이익을 위해 기업의 경제 활동에 적극 개입할 수 있다는 결론이 났던 거예요.

1905년 최대 노동 시간 소송에서 승리했던 대법관들은 이제 정반대의 입장에 서게 되었고, 똑같은 이유를 들어 패리시 소송 판결에 대해 비판할 수밖에 없었어요. 반대 의견을 낸 4명의 대법관은 수정 헌법 제14조의 계약의 자유를 언급하며 어떤 경우든지 계약의 자유는 보장되어야 한다고 주장했어요.

4명의 대법관도 판결 내용처럼 노동자의 건강, 복지, 안전 등 공동체의 이익과 관련된 경우 계약의 자유가 일부 제한받을 수 있다는 데에는 동의했어요. 하지만 패리시 소송에서 패리시가 처한 상황이 계약의 자유가 제한받을 수 있는 상황은 아니라고 보았어요.

4명의 대법관은 패리시가 호텔 측과 계약할 당시 그 어떤 압력도 없이 동등한 입장에서 자유롭게 계약한 점에 주목했어요. 또 패리시가 근무하는 호텔은 그녀의 건강을 해칠 정도로 근무 환경이 나쁘지도 않았고, 안전상의 문제도 전혀 없었다고 보았어요. 즉, 계약의 자유를 제한할 수 있는 상황이 아니라고 판단했어요.

4명의 대법관은 연방대법원의 판결처럼 여성들이 협상 능력이 떨어지고, 약자의 입장이기 때문에 정부가 관여해야 한다고 주장한 것에 대해서도 설득력이 떨어진다고 비판했어요. 그들은 여성의 협상 능력이 남성보다 떨어진다고 보는 것은 근거가 없는 주장이며, 공정한 협상 능력은 개개인의 능력이지 성별과는 아무런 상관이 없다고 주장했어요.

4명의 대법관은 마지막으로 최저 임금법이 합법이라고 한다면 반대로 최대 임금법도 합법이 되어야 한다고 주장했어요. 그런데 만약 최대 임금법이 만들어진다면 과연 누가 이 법을 지지할 것인지 물었어요. 최대 임금법은 안 되면서 최저 임금법은 합법이라는 것은 비논리적인 주장이라고 비판했어요.

# 소송을 바라보는 눈

국민들의 경제생활에 정부가 개입하는 것이 타당한지, 아니면 시장에 맡겨 두는 것이 좋을지의 문제는 오래전부터 있어 왔어요. 지금은 정부가 국민의 경제생활에 어느 정도 개입하는 것이 당연한 것처럼 되었지만 산업 혁명 초기에는 그렇게 간단한 문제가 아니었어요.

노동자의 최대 노동 시간과 최저 임금 문제는 정부의 관여를 두고 기업 경영자들과 노동자들 간의 대표적인 갈등 사항이었어요. 1905년 노동자의 최대 노동 시간에 대한 연방대법원의 판결처럼 산업 혁명 초기에는 자유방임주의 경제 이론에 근거하여 보수적인 시각으로 판결을 내리는 경우가 많았어요. 법원은 그 어떤 상황에서도 흔들리지 않고 가장 객관적인 증거 자료에 의해 합리적인 판단을 내려야 했지만 당시에는 대법관들의 개인적인 견해나 성향에 따라 판결이 나는 경우가 많았던 거예요.

노동자의 최대 노동 시간과 최저 임금 제도는 노동자들을 위한 가장 최소한의 안전장치라고 말할 수 있어요. 기업의 입장에서는 정부의 규제가 적어야 경제가 더 발전할 수 있다고 주장하지만 그동안 기업 경영자들은 많은 문제들을 일으키곤 했어요. 이렇게 문제들이 있었기 때문에 정부는 기업 활동에 관여할 수밖에 없었던 거예요.

패리시 소송 판결이 났던 1937년 당시에 미국의 경제는 1929년 터졌던 대공황의 여파로 매우 어려운 상황이었어요. 대공황이 터지자 미국 행정부는 국가 경제에 적극적으로 개입하여 대공황을 타개하려고 노력했어요. 하지만 행정부의 사업은 연방대법원의 반대로 제대로 시행될 수가 없었어요.

당시 연방대법원의 대법관 9명 중 5명은 자유방임주의 경제 이론을 지지하는 보수 성향의 판사들이었기 때문에 행정부의 정책에 사사건건 제동을 걸고 있었던 거예요. 이들은 행정부가 나서지 말고 그냥 시장 상황에 맡겨 놓아야 한다고 생각했어요.

1937년 패리시 소송 판결을 계기로 연방대법원도 새롭게 바뀌었어요. 이후부터 연방대법원은 행정부의 정책에 제동을 걸지 않았고, 미국은 여러 가지 정책으로 대공황을 타개할 수 있었어요. 그런데 정부가 국가 경제에 적극적으로 개입하는 것이 항상 좋은 것만은 아니에요. 오히려 정부의 개입이 국가 경제를 더 힘들게 할 수도 있어요.

패리시 소송 판결 후 미국에서는 여성 및 사회적 약자를 보호하기 위해 만든 최저 임금법이 오히려 여성들의 취업에 장해물이 되었다고 보는 견해도 있어요. 정부가 최저 임금을 올리면 기업은 임금 부담 때문에 직원 고용을 줄이기 때문이에요.

최근 우리나라에서도 최저 임금 문제로 많은 사회적 갈등을 겪고 있어요. 노동자의 입장을 생각하면 물가 상승률에 맞춰 최저 임금을 올려야 하겠지만 경영자의 입장에서는 최저 임금 인상이 부담스러울 수밖에 없어요.

최저 임금을 올리면 기업은 직원을 고용하지 않게 되고, 그렇게 되면 실업자들이 늘어나 국가 경제는 더 힘들어질 수 있어요. 한편 최저 임금을 올리면 노동자들은 오른 임금만큼 소비를 하게 되어 기업의 매출이 늘어나고, 매출이 늘어나면 직원 고용도 더 늘어나게 되어 결국 경제가 더 발전할 수도 있어요.

어떤 정책이든 곧바로 성과를 내기는 어려워요. 성과가 빨리 나타나지 않는다고 비판한다면 아무리 좋은 정책이라 하더라도 실패한 정책이 될 수밖에 없어요. 서로가 조금씩 양보하고, 조금 기다려 주는 여유가 있어야 함께 발전할 수 있지요.

국가 경제는 결국 경제의 주체인 기업, 정부, 개인이 서로 밀접하게 잘 맞물려 돌아가야 발전할 수 있어요. 어느 한쪽에서 문제가 생기면 전체가 어려워질 수밖에 없어요. 양보와 타협의 정신으로 함께 생존할 수 있는 길을 찾는 것이 가장 중요한 일이 에요.

# 최저 임금에 대하여

최저 임금은 고용인(기업 경영자)이 피고용인(노동자)을 저임금으로 부리는 착취를 막기 위해 정부가 관여해서 정한 최소한의 임금을 말해요. 쉽게 말하면 노동자의 생존권을 보호하기 위해 만든 법적 보호 장치라고 할 수 있어요.

현재 전 세계의 많은 나라에서 최저 임금 제도를 시행하고 있어요. 최초로 최저 임금 제도를 시행한 나라는 뉴질랜드예요. 뉴질랜드는 1894년 처음으로 최저 임금 제도를 시행했고 호주는 1907년, 캐나다는 1918년, 미국은 1938년, 프랑스는 1950년, 일본은 1959년, 우리나라는 1986년 최저 임금법을 도입했고 1988년부터 시행했어요.

우리나라는 1988년 산업 분야를 두 부류로 나누어 최저 임금을 정했는데, 시간당 462.5원과 487.5원이었어요. 1989년부터는 동일하게 시간당 600원이었고, 1993년 처음으로 시간당 1,000원이 넘어 1,005원이 되었어요.

2002년에 2,100원, 2006년에 3,100원, 2009년에 4,000원, 2014년에 5,210원, 2017년에 6,470원, 2018년에 7,530원, 2019년에는 8,350원이 되었어요.

2020년 최저 임금은 8,590원으로 정했어요. 우리나라의 최저 임금은 개발 도상 국가보다는 많은 편이지만 다른 선진 국가들에 비해서는 적은 편이에요.

이웃 나라인 일본의 최저 임금은 2018년 기준 874엔(약 9,500원)이에요. 미국의 최저 임금은 각 주마다 달라요. 물론 연방 차원에서 최저 임금을 정해 놓고 있긴 하지만 최저 임금은 각 주의 법률에 따르고 있어요.

미국 연방 차원에서 정해 놓은 최저 임금은 7.25달러(8,627원)예요. 하 지만 대부분의 주에서 시행하고 있는 최저 임금은 연방의 최저 임금보다 훨씬 높아 요. 2019년을 기준으로 미국 연방 50개 주 중 20개 주 이상에서 최저 임금을 15 달러(17,850원)로 정해 놓았어요. 나머지 주에서도 이 수준으로 정할 가능성이 높아요.

캐나다는 연방 차원의 최저 임금은 정해 놓지 않고 각 주마다 최저 임금 제 도를 시행하고 있어요. 온타리오 주에서 최저 임금을 정하면 나머지 주에서는

▲ 2015년 미국 뉴욕 주의 패스트푸드 업계 종사자들이 최저 임금이 시간당 15달러로 인상된다는 소 식에 거리에 나와 기뻐하는 모습

그에 따르는 식인데, 2019년 온타리오 주의 최저 임금은 15캐나다 달러(13,200원)예요.

독일은 2년마다 최저 임금을 인상하는데, 2019년 최저 임금은 9.19유로(12,204원)예요. 프랑스의 2019년 최저 임금은 9.88유로(13,120원)예요. 영국은 연령별로 최저 임금이 다른데, 25세 이상 성인의 2019년 최저 임금은 7.83파운드(11,768원)예요.

호주는 2019년 최저 임금이 18.93호주 달러(15,598원)예요. 최저 임금 제도를 제일 먼저 시행했던 뉴질랜드의 2019년 최저 임금은 17.7뉴질랜드 달러(13,752원)예요. 중국은 각 지역마다 최저 임금이 다른데, 수도인 베이징과 상하이 등의 최저 임금이 중국에서는 제일 높은 편이에요. 베이징의 2108년 최저 임금은 24위안(4,104원)이에요.(각 나라의 최저 임금은 2019년 6월 환율 기준)

# 제5장

## 삶과 죽음의
## 문턱에
## 서서!

### 전쟁에 관한 재판

# 14.

# 전쟁 중에는 인권을
# 제한해도 되는가?

① 소송 시기: 1942년

② 소송을 제기한 사람: 일본계 미국인 프레드 코레마츠

③ 소송을 당한 사람: 미합중국 정부

④ 판결 시기: 1944년(미국 연방대법원)

⑤ 판결: 공공의 안전을 위협하는 심각한 상황에서 인권 제한 행위는 정당하다.

▲ 미국령 하와이 진주만에서 불타고 있는 미국 해군 전함 '웨스트 버지니아'

# 소송 내용과 판결

  인권은 인간이라면 누구나 태어나면서부터 당연히 가지는 기본적인 권리를 말해요. 인권은 다른 사람이 함부로 빼앗을 수 없는 권리이고, 태어나면서 자연적으로 주어지는 권리예요. 인권은 하늘이 인간에게 준 권리라는 의미로 '천부인권'이라고도 불러요.

  우리 인간은 정치, 경제, 사회, 문화 등 여러 분야에 걸쳐 인권을 지니고 있어요. 즉, 자유로울 권리, 차별을 받지 않을 권리, 일할 권리, 교육을 받을 권리 등등이 모두 인권에 포함되어 있어요.

  자유 민주주의 국가에서는 이런 인권들을 법적으로 보장하고 있지만 현실에서는 간혹 인권이 침해받는 경우도 있어요. 인권을 침해받는 사람들을 보면 여성이나 어린이, 노인, 장애인 등 대부분 사회적 약자인 경우가 많아요.

요즘은 이런 인권 침해를 방지하기 위하여 국가나 민간단체에서 많은 노력을 기울이고 있어요. 유엔도 1948년 '세계 인권 선언'을 선포하고 각국에서 인권을 존중하고 지켜 줄 것을 권고했어요.

이처럼 인권은 누구도 침해할 수 없는 기본적인 권리인데, 특수한 상황에서는 제한을 받기도 해요. 우리나라 헌법에서도 "국민의 모든 자유와 권리는 국가 안전 보장, 질서 유지, 공공복리를 위해서 필요한 경우 법률로써 제한할 수 있다. 하지만 제한하는 경우에도 자유와 권리의 본질적인 내용은 제한할 수 없다"고 규정하고 있어요. 즉, 인권을 제한하는 경우라도 인간의 존엄성과 평등 등 본질적인 내용에 대해서는 제한할 수 없다고 규정하고 있어요.

인권이 제한될 수 있는 대표적인 경우가 바로 전쟁 상황이라고 말할 수 있어요. 우리 인류는 근대에 들어 세계적인 전쟁을 두 번이나 겪었어요. 제1차 세계 대전과 제2차 세계 대전은 인류 역사상 가장 많은 인명 피해와 물적 피해를 입은 사건으로 기록되고 있지요.

제2차 세계 대전이 한창 진행 중이던 1941년 12월 일본은 미국령 하와이의 진주만에 있는 해군 기지를 기습 공격했어요. 일본의 이 공습으로 제2차 세계 대전은 태평양 전선으로 확대되었고, 미국이 전쟁에 적극적으로 가담하게 만들었어요.

일본의 진주만 공습으로 미국의 해군 기지는 거의 다 파괴되었고, 미국 본토까지 공격을 받을 거라는 불안감이 확산되고 있었어요. 이런 와중에 미국 서해안 지역에 살고 있는 일본계 미국인들이 일본군과 내통하여 미국의 안보를 위협할 정보를 일본 측에 넘겨 줄지도 모른다는 소문이 돌기 시작했어요.

미국 본토와 하와이에는 19세기 말부터 많은 일본인들이 이주하여 살기 시

작하였고, 20세기 초반에는 10만 명이 넘는 일본계 미국인들이 미국 본토에 살고 있었어요. 특히 태평양을 접하고 있는 캘리포니아 주에는 9만여 명의 일본계 미국인들이 거주하고 있었어요.

미국 정부는 일본계 미국인들이 일본군에게 도움을 줄지도 모른다는 우려의 소리에 법적으로 자국 시민인 일본계 미국인들의 개인적 사유를 제한하는 정책을 시행했어요. 당시 미국 대통령 루스벨트는 1942년 2월 행정 명령으로 태평양 연안 지역에 거주하는 일본계 미국인 모두에게 야간 통행금지를 내렸어요. 또 1942년 5월에는 10만여 명이 넘는 일본계 미국인들을 거주지에서 강제로 퇴거시켜 미네소타 주에 있는 집단 거주 지역으로 이주시키는 조치를 취했어요.

법적으로 미국 시민이었던 일본계 미국인들은 자국 정부에 의해 기본적인 권리를 침해당했지만 전쟁이라는 특수 상황을 고려하여 대부분 별다른 반발을 하지 않고 정부의 조치에 순응했어요. 하지만 오클랜드 출신의 청년 프레드 코레마츠는 정부의 강제 이주에 반발하여 집합 장소에 나타나지 않고 잠적해 버렸어요. 코레마츠는 일본계 미국인 2세로 진주만 공격 이전부터 직장에서 많은 차별과 모욕을 당하고 있었어요. 그런 와중에 강제 이주까지 당하게 되자 반발할 수밖에 없었어요. 하지만 전쟁 상황에서 코레마츠가 몸을 숨길 곳은 없었어요. 그는 곧바로 체포되었고, 캘리포니아 지방법원에서 유죄 판결을 받았어요.

한편 '미국 자유인권연합회'라는 단체는 미국 정부의 일본계 미국인들에 대한 인권 제한 조치를 비판하고 나섰어요. 코레마츠는 이 단체의 지원을 받아 즉각 항소했지만 항소 법원도 미국 정부의 손을 들어주었어요.

코레마츠는 이에 굴하지 않고 사건을 연방대법원으로 끌고 가는 데 성공했어요. 하지만 코레마츠가 이길 것이라고 생각한 사람들은 많지 않았어요. 왜냐하면 코레마츠 소송에 앞서 연방대법원은 일본계 미국인들에 대한 야간 통행금지에 대해서도 합헌 결정을 내렸기 때문이에요.

코레마츠는 야간 통행금지 사건과 삶의 터전을 송두리째 잃어버린 채 다른 지역으로 강제 이주당하는 것은 다른 차원의 문제라고 생각했기 때문에 일말의 희망을 걸고 있었어요. 1944년 12월 연방대법원은 코레마츠 소송에 대해서 대법관 6 대 3의 의견으로 미국 정부의 손을 들어주었어요.

연방대법원은 일본계 미국인들을 서해안 지역에서 강제 이주시키도록 한 명령은 미국 대통령에게 부여된 전시 권한의 범위 내에서 취해진 정당한 결정이라고 결론지었어요. 이 결론을 바탕으로 대법원은 전쟁이라는 특수 상황에서 특정 인종 집단의 권익을 법률적으로 제한하는 행위에 대해 정당하다고 판결했어요.

대법원은 공공의 안전을 위협하는 매우 심각한 상황이 아니라면 개인의 인권을 박탈하는 행위는 결코 정당화될 수 없다고 말했어요. 하지만 당시는 공공의 안전을 위협하는 매우 위급한 상황이었기 때문에 미국 정부의 강제 이주 명령은 정당하다고 판단했어요.

또 대법원은 공공의 안전을 위협하는 인물은 일본계 미국인 전체가 아니라 지극히 일부 사람들에 해당하는 경우인데, 전체의 인권을 제한하는 것은 문제가 있다고 비판한 부분에 대해서도 정당한 조치라고 판단했어요. 대법원은 일본계 미국인 사회에서 일본군과 손잡고 미국을 위협하는 일부 불순한 사람들과 그렇지 않은 사람들을 구분하는 것은 불가능한 일이라고 보았고, 그런 까닭에 일본계 미국인 전체를 강제 이주시키는 불가피한 조치를 취할 수밖에 없다고 판단했어요.

만약 불순한 생각을 지닌 일본계 미국인을 구분할 충분한 시간과 방법이 있었음에도 불구하고 전체 일본계 미국인을 강제 이주시킨 것이라면 분명 특정 인종에 대한 차별이라고 볼 수 있지만 당시 상황에서는 그럴 시간과 방법이 없었다고 본 거예요. 또 대법원은 진정한 미국 시민이라면 특권과 함께 마땅히 의무도 지녀야 하며, 전쟁과 같은 위급한 상황에서는 특권보다는 의무를 더 생각해야 한다고 보았어요.

대법원은 일부에서 충분한 검증도 거치지 않고 혈통에 근거하여 일본계 미국인을 집단 수용소로 이주시켰다고 주장한 것에 대해서도, 전쟁이라는 위급한 상황을 무시한 채 사건을 인종 차별로 몰아가는 매우 잘못된 생각이라고 비판했어요.

결론지어 말하면 전쟁이라는 위급한 상황에서 인권의 제한은 가능하며, 미국 정부가 일본계 미국인들을 강제 이주시킨 행위는 위급한 상황에서 불가피하게 내린 조치이므로 정당하다는 거였어요.

# 이의(반대 의견) 있어요!

연방대법원 9명의 대법관 중 3명의 대법관은 미국 정부가 일본계 미국인들을 강제 이주시킨 행위는 명백히 특정 인종 집단에 대한 차별이라고 주장했어요. 연방대법원의 결정에 반대 의견을 낸 3명의 대법관은 누군가 죄를 지었을 경우 그것은 죄를 지은 개인의 책임이지 다른 사람에게 대물림되는 것은 아니라고 지적했어요. 그런데 이번 미국 정부가 일본계 미국인들에게 취한 행위는 조상들이 저지른 죄의 책임을 후손에게 묻는 것과 같은 행위라고 비판했어요.

3명의 대법관은, 코레마츠는 미국 시민임에도 불구하고 부모가 일본에서 이민 온 이민자라는 이유로 인권을 침해당했으며, 심지어 범죄자로 취급당했다고 보았어요. 또 일본인 조상을 둔 모든 미국 시민들에게 내려진 행위는 헌법적 권한의 한계를 넘어선 잘못된 결정이라고 주장했어요.

3명의 대법관도 특수한 상황에서는 인권이 제한될 수 있음을 인정했어요. 공공의 안전을 위협할 수 있는 위급한 상황이거나 헌법적인 절차를 밟을 수 없는 매우 즉각적인 상황에서는 인권이 제한될 수 있다고 보았어요. 하지만 당시 상황은 그렇게 위급하거나 헌법적인 절차를 밟을 수 없을 만큼 즉각적인 상황은 아니라고 판단했어요.

3명의 대법관은 미국 정부가 공공의 안전이 위협받을 수 있는 매우 위급한 상황이라고 말했지만, 그 말을 뒷받침할 만한 증거는 어디에도 없다고 주장했어요. 이들은 미국 정부가 확실한 증거 자료도 없이 일본계 미국인들이 일본군에게 협조할 수도 있다는 가정하에 명령을 내린 것이라고 보았어요. 실제 미국 정부가 강제 이주 명령을 내리기 전에 받아 본 보고서에는 일본계 미국인들에 대한 잘못된 정보가 많았고, 미국 정부는 이런 잘못된 정보를 그대로 사실로 받아들이고 명령을 내린 것이라고 주장했어요.

3명의 대법관은 일본계 미국인들 중 조상의 나라를 돕기 위해 미국을 배신한 사람들이 일부 있음을 인정했어요. 하지만 몇 명의 배신자 때문에 일본계 미국인 전체를 강제 이주시키는 행위는 개인의 유무죄만 판단하게 되어 있는 미국 법률 전체를 근본적으로 부정하는 것이라고 비판했어요.

3명의 대법관이 일본계 미국인들에 대한 강제 이주 명령을 특정 인종에 대한 차별이라고 본 것은 제2차 세계 대전의 주축국 중 독일이나 이탈리아계 후손에 대해서는 별다른 조치를 취하지 않았기 때문이에요. 3명의 대법관은 독일이나 이탈리아계 후손에 대해서는 별다른 조치를 취하지 않고, 일본계 미국인들에게만 강제 이주 명령을 내린 것은 일본의 진주만 공격에 대한 일종의 인종 차별적 보복 조치라고 본 거예요.

결론지어 말하면 3명의 대법관은, 당시 상황은 전쟁이라는 위급한 상황이었지만 인권을 제한할 정도로 위급한 상황은 아니었으며, 일부 불순한 사람들 때문에 일본계 미국인 전체를 강제 이주시킨 것은 특정 인종에 대한 차별 행위라고 판단했어요.

## 소송을 바라보는 눈

코레마츠 소송의 핵심은 당시 상황이 인권을 제한할 정도로 위급한 상황이었는지, 아니었는지에 대한 판단이라고 볼 수 있어요. 인권은 인간이 태어나면서부터 지니는 기본적인 권리이고, 누구도 그 권리를 침해할 수 없지만 특수한 상황에서 제한될 수 있다는 것은 누구나 인정하고 있는 부분이에요.

가장 중요한 문제는 인권을 제한할 수 있는 특수한 상황이라는 것을 어떻게 판단하느냐에 달려 있어요. 같은 상황을 두고 어떤 사람은 인권을 제한해야 할 상황이라고 판단하고, 어떤 사람은 인권을 제한할 정도의 상황은 아니라고 판단할 수도 있기 때문이지요.

코레마츠 소송에서도 당시 대법관 9명 중 6명은 미국 정부의 행정 명령이 전쟁 중이라는 특수한 상황에서 내려진 불가피한 선택이라고 판단했고, 3명의 대법관은 인권을 제한할 정도로 위급한 상황은 아니었다고 판단했어요.

결국 대법관 6명의 선택으로 코레마츠 소송은 미국 정부의 승리로 끝났지만 이 판단은 나중에 불합리한 결정이었다는 비판을 받았어요. 당시 미국 정부의 행정 명령은 일본계 미국인들이 일본군과 내통한다는 확실한 증거 자료도 없이 가능성을 생각하여 내려진 결정이며, 일본군의 진주만 공격으로 인해 일본에 대한 좋지 않은 감정이 작용하여 내려진 결정이라는 의심을 샀기 때문이에요.

또 미국 정부가 일본계 미국인들에게 내린 강제 이주 명령이 정당성을 얻으려면 제2차 세계 대전의 주축국인 독일과 이탈리아계 후손들에게도 같은 조치를 취했어야 하는데, 미국 정부가 이들에게는 아무런 조치를 취하지 않았기 때문에 더더욱 진주만 공격에 대한 보복 조치라는 의심을 살 수밖에 없었던 거예요.

한편 코레마츠의 행동에 대해 같은 일본계 미국인들은 어떤 생각을 했을까요? 코레마츠가 옳은 행동을 했다고 보았을까요, 아니면 괜히 돌출 행동을 해서 오히려 더 큰 피해를 보았다고 생각했을까요?

당시 일본계 미국인들은 코레마츠의 행동에 대해 상당히 부정적이었다고 해요. 대부분의 일본계 미국인들은 미국 정부가 강제 이주 명령을 내리자 매우 협조적이었는데, 이는 정부에 협력하는 것이 자신들이 받고 있는 의혹을 빨리 해결하는 길이라고 보았기 때문이에요. 이들 입장에서는 돌출 행동을 한 코레마츠를 좋게 볼 수가 없었던 거지요. 하지만 코레마츠는 전쟁이 끝난 뒤 인권 투사로 명성을 얻으면서 다시 조명받기 시작했어요.

1983년 샌프란시스코 항소 법원은 코레마츠의 죄를 말소하고 공식적으로 사면했어요. 당시 재판 과정에서 검찰 측이 코레마츠에게 유리한 증거를 일부 조작한 것이 드러났기 때문이에요.

또 1988년 미국 의회는 제2차 세계 대전 당시 일본계 미국인들에게 미국 정부가 부당 행위를 저질렀음을 인정하고, 사건의 생존자들에게 금전적인 보상을 지급하라는 명령을 내렸어요. 코레마츠는 1996년 미국 정부가 민간인에게 수여하는 가장 큰 영예인 '대통령 자유 메달'을 수상했어요. 연방 정부가 진주만 사태 이후 저지른 불법 행위에 대해 꿋꿋하게 비판한 점을 인정받은 결과였어요. 이처럼 코레마츠 소송은 시간이 한참 흐른 뒤에 정당한 평가를 받게 되었고, 이후 특정 인종 집단에게 내려지는 정부의 조치에 대해서도 반성하게 만드는 기회로 작용했어요.

대표적인 예가 2001년 9·11 테러 때예요. 당시 미국 정부 일각에서는 미국 내 중동계 및 이슬람교 출신 이민자들에 대해 별도로 관리해야 한다는 주장이 있었어요. 물론 이 주장은 실현되지 못했는데, 이는 코레마츠 소송 사건이 영향을 미친 결과였어요. 일시적인 분위기에 휩쓸려 택하는 선택이 결국은 부정적인 영향을 끼칠 수 있다는 점을 코레마츠 소송 사건이 일깨워 주었기 때문이에요.

# 세계 인권 선언과
# 국제 인권 규약

　인권에 많은 사람들이 관심을 가지게 된 결정적인 사건은 제1, 2차 세계 대전이었어요. 두 차례의 큰 전쟁으로 인해 수많은 죽음을 목격한 사람들은 생명을 소중히 여기고, 인권을 보호해야 한다고 생각하게 되었지요. 이런 생각을 먼저 실천에 옮긴 건 유엔이었어요.

　유엔은 전 세계인들의 인권 보호를 위해 '유엔인권위원회'를 만들었고, 위원회로 하여금 세계 인권 선언문을 만들도록 했어요. 위원회는 세계가 공감할 수 있는 최선의 내용을 담아서 1948년 6월에 인권 선언문을 완성했어요. 그리고 그해 12월 10일 파리에서 개최된 유엔 총회에서 당시 가입국 58개국 중 50개 국가가 찬성하여 '세계 인권 선언'은 공식적으로 채택되었어요.

　'모든 인간은 태어날 때부터 존엄하며, 평등한 권리를 가진다'는 것이 세계 인권 선언의 핵심 내용이에요. 세계 인권 선언은 전문과 본문 30개 조항으로 구성되어 있는데 정치, 사회, 경제, 노동, 교육, 문화 등 모든 분야에서 인간이 누려야 할 권리를 규정하고 있어요.

세계 인권 선언은 모든 인간과 모든 장소에 똑같이 적용된다는 사실을 세계 최초로 인정한 선언이라는 데 그 가치가 있어요. 현재 이 선언은 세계 250여 개의 언어로 번역되어 알려져 있고, 수많은 국제 조약이나 국제 선언에 가장 기준이 되고 있으며, 세계 각국의 헌법과 법률에 반영되어 있어요.

특히 유엔은 세계 인권 선언의 중요성을 알리기 위해 '인권의 날'을 제정하여 기념하고 있어요. 인권의 날은 세계 인권 선언이 채택된 날을 기념한다는 의미에서 12월 10일로 정했어요. 그런 의미로 인권의 날은 '세계 인권 선언일'이라고도 불러요.

세계 인권 선언은 유엔의 결의이기 때문에 직접적인 법적 구속력은 없지만 오늘날 거의 모든 나라의 헌법이나 기본법에 그 내용이 반영되어 있어요. 세계 인권 선언은 지금까지 유엔 총회에서 결의한 수많은 내용 중 가장 유명한 선언이라고 해요. 이는 인권의 가치와 위상이 얼마나 대단한 것인지 알려주는 대목이지요.

유엔은 1966년 12월 총회를 열어 세계 인권 선언의 실현을 위해 '국제 인권 규약'을 채택했어요. 이 규약은 35개 나라가 비준을 마치고 1976년 3월 발효되었어요.

국제 인권 규약은 크게 두 영역으로 나누어져 있어요. 하나는 '경제적, 사회적, 문화적 권리에 관한 국제 규약'인데, 다른 말로 '사회권 규약' 또는 'A 규약'이라고 불러요. 다른 하나는 '시민적, 정치적 권리에 관한 국제 규약'인데, 다른 말로 '자유권 규약' 또는 'B 규약'이라고 해요.

A 규약과 B 규약이 공통으로 지니고 있는 핵심 내용은 '인간은 자신의 일을 스스로 결정하고 해결할 권리를 가지며, 국가는 이를 위해 노력하고 존중해야

한다'는 거예요. A 규약은 주로 국가가 법률상으로 보장해 주어야 할 의무를 규정하고 있는 조약인데 여기에는 일할 권리, 안전하고 좋은 환경에서 일할 권리, 사회 보장을 받을 권리, 가정이 보호받을 권리, 적절한 생활 수준을 보장받을 권리, 교육을 받을 권리, 문화생활에 참여할 수 있는 권리 등이 포함되어 있어요.

B 규약은 주로 개인이 가질 수 있는 권리를 규정하고 있는 조약인데 여기에는 생명을 보호받을 권리, 인도적으로 대우받을 권리, 노예 상태에 놓여 있지 않고 강제 노동을 받지 않을 권리, 신체의 자유와 안전에 대한 권리, 거주 이전의 자유에 대한 권리, 평등한 법 적용을 받을 권리, 사생활 보호를 받을 권리, 종교의 자유에 대한 권리 등이 포함되어 있어요. 또한 생명권 등 개인의 기본적인 권리에 대해서는 국가 비상 상황 시에도 침해하지 못하도록 규정하고 있어요.

특히 B 규약은 부칙 형태의 '선택 의정서'를 두고 있는데, 여기에는 B 규약에서 정해 놓은 개인의 권리를 침해당했을 경우 심사받을 수 있는 권한을 부여하고 있어요. 또 이런 심사를 위해서 B 규약에는 '자유권 규약 위원회'를 설립하여 운영하도록 규정하고 있지요.

국제 인권 규약은 인권의 보호를 위해 법적인 책임을 묻도록 만든 조약이지만 세계 인권 선언의 내용보다 훨씬 광범위하게 인권을 규정하고 있기도 해요. 소수 집단에 대한 인권 보장이나 자유를 박탈당한 사람이라도 인도적으로 대우받을 권리, 인간의 고유한 존엄성을 존중받을 권리, 모든 아동들의 국적 취득 권리, 모든 아동들의 특별한 보호를 받을 권리 등은 세계 인권 선언에는 없는 내용들이에요.

# 15.

# 명령에 복종한 자에게
# 죄를 물을 수 있는가?

① 소송 시기: 1961년 4월

② 소송을 제기한 사람: 이스라엘 정부

③ 소송을 당한 사람: 독일 출신 아돌프 아이히만

④ 판결 시기: 1961년 12월(이스라엘 예루살렘 지방법원)

⑤ 판결: 제2차 세계 대전 때 유대인 학살에 가담한 책임을 물어 사형을 선고했다.

ⓒmeunierd/Shutterstock.com

◀ 1961년 6월 20일 예루살렘에서 열린 재판, 유대인 학살에 직접 관여한 독일 나치의 친위대 장교 아돌프 아이히만이 자신을 변호하기 위해 방탄유리 부스 안에 서 있는 모습이 실린 기사

# 소송 내용과 판결

제2차 세계 대전은 인류 역사상 가장 큰 피해를 입은 사건으로 기록되어 있어요. 특히 전쟁을 일으킨 독일의 히틀러는 유대인 말살 정책이라는 끔찍한 범죄를 저질러 세계를 충격과 슬픔에 빠트렸지요.

히틀러의 유대인 학살은 용서받을 수 없는 짓이었고, 그런 까닭에 세계는 전쟁을 일으키고 유대인 학살에 관여한 독일의 수뇌부들을 단죄하기 위해 재판을 열었어요. 이 재판이 바로 '뉘른베르크 전범 재판'이에요. (245쪽 '더 알아보기' 참조)

세계는 뉘른베르크 재판을 열고 전쟁 책임과 유대인 학살에 대한 죄를 물어 많은 관련자들을 단죄했어요. 하지만 모든 관련자들을 전부 단죄한 것은 아니었어요. 일부 관련자들은 전쟁이 끝날 무렵 자취를 감추었기 때문이에요. 자취를 감춘 대표적인 사람이 아돌프 아이히만이었어요.

아돌프 아이히만은 뉘른베르크 재판에서 증인들을 신문하는 도중에 가장 많이 언급되었던 이름이에요. 많은 증인들이 아이히만을 유대인 학살에 직접 관여한 인물로 거론했는데, 아이히만은 전쟁이 끝날 무렵 자취를 감추어 버렸어요.

뉘른베르크 재판에 나온 증인들 중 아이히만의 소재를 아는 사람은 아무도 없었고, 다들 그가 이미 죽었을 것이라고 생각했어요. 재판부는 아이히만이 유대인 학살과 관련하여 매우 중요한 역할을 했다는 결론은 내렸지만 그의 소재를 알 수 없었기 때문에 재판이 끝나면서 아이히만의 이름도 사람들의 뇌리에서 사라져 갔어요.

1906년 독일 서부 솔링겐에서 태어난 아이히만은 1932년 오스트리아 나치당에 가입했고, 이듬해 독일로 돌아가 군인이 되었어요. 그리고 1934년 유대인 문제를 다루는 베를린 나치 사령부의 한 부서에 배치되면서 두각을 나타내기 시작했어요.

아이히만은 유대인들과 유대인 문화를 연구하면서 유대인 전문가로 알려지기 시작했고, 1938년에는 대위로 진급하면서 오스트리아에 거주하는 유대인의 해외 이주 정책 담당관으로 임명되었어요. 정책 담당관이 된 아이히만은 1년 사이에 15만 명 이상의 유대인들을 해외로 이주시키는 성과를 올렸어요. 아이히만의 활약은 유대인 말살 정책의 총책임자인 하이드리히의 눈에 띄었고, 1939년부터는 유대인 강제 추방을 총괄하는 부서로 발령받았어요.

히틀러 등 나치 수뇌부들도 처음에는 유대인들을 독일이나 오스트리아 지역 외 다른 유럽 나라들로 추방하는 정책을 펼쳤어요. 그런데 전쟁의 상황이 자신들에게 불리하게 전개되자 1941년부터는 유대인들에 대한 정책을 바꾸기로 결정했어요.

히틀러의 명을 받은 하이드리히는 1942년 1월 반제에서 비밀회의를 열어 유대인 처리 문제를 논의했어요. 이 회의에서는 '유대인 문제 최종 해결책'이 결정되었는데, 이 해결책은 유대인들을 강제 수용소에 수용한 뒤 모두 학살한다는 것이었어요.

이때 아이히만에게 주어진 임무는 가능한 빠른 시간 안에 유럽 각 지역에 흩어져 있는 유대인들을 한곳으로 집결시킨 다음 특별 열차 편으로 아우슈비츠, 다하우 등에 세워진 수용소로 보내는 것이었어요. 아이히만은 독일 교통부와 협력해서 많은 열차를 확보하는 능력을 발휘했고, 2년간 약 500만 명 이상의 유대인들을 열차에 태워 수용소로 보냈어요.

수용소에 도착한 유대인들은 곧바로 공동 목욕실로 이동했고, 그곳에서 독가스를 마시고 죽임을 당했어요. 이렇게 독가스를 마시고 죽은 유대인들의 시체는 곧바로 소각장으로 보내져 태워졌어요. 이는 인류 역사상 인간이 인간에게 저지른 가장 큰 악행이자, 범죄였어요.

사실 아이히만이 유대인 학살에 직접적으로 관여한 것은 아니었어요. 그는 유대인 학살을 생각해 내거나 명령을 내린 것도 아니고, 수용소나 가스실 건설에도 관여하지 않았으며, 독가스를 주입하라는 명령을 내린 것도 아니었어요. 하지만 아이히만은 자신이 직접 열차로 호송한 유대인들이 수용소에서 죽임을 당할 것을 알고 있음에도 불구하고 그 업무를 수행하기 위해 모든 방법을 동원했어요. 즉, 유대인 학살을 위해 매우 중요한 역할을 했던 셈이에요.

1945년 아이히만은 나치 독일이 패망하기 직전까지 헝가리에서 유대인 이송 작업을 수행하다가 미군의 포로가 되어 오스트리아의 수용소로 보내졌어요. 수용소에서 아이히만을 알아보는 사람은 아무도 없었어요.

뉘른베르크 재판에서 아이히만이라는 이름이 많은 증인들의 입에서 거론되자 아이히만은 몰래 수용소를 탈출했고, 이후 벌목꾼으로 일하며 생활했어요. 하지만 독일이나 오스트리아 등지에서 생활하는 것은 아무래도 위험하다고 생각한 아이히만은 해외로 도주할 계획을 세웠어요.

1950년 아이히만은 이탈리아로 건너갔고 나치 당원들에게 동정적인 가톨릭 신부의 도움을 받아 '리카르도 클레멘트'라는 가명으로 위조 여권을 만들 수 있었어요. 아이히만은 이 위조 여권으로 아르헨티나의 수도 부에노스아이레스로 이주했어요. 처음에는 몇몇 일자리를 전전하면서 어렵게 생활했지만 이후 벤츠 자동차의 현지 법인에 채용되면서 안정적인 생활을 할 수 있었어요. 생활이 안정되자 아이히만은 독일에 있던 아내와 자식들을 아르헨티나로 불러들였어요.

한편 전쟁이 끝나자 유대인들은 이스라엘을 건국했고, 1949년부터 '모사드'라는 공식 첩보부를 만들어 나치 전범들을 추적하기 시작했어요. 모사드의 아이히만 추적은 당연한 일이었어요.

아이히만의 정체가 발각된 것은 1957년이었어요. 아이히만의 정체를 밝히는 데 결정적인 역할을 한 사람은 아르헨티나에 거주하는 유대인 로타르 헤르만이었어요. 헤르만도 전쟁이 끝나자 아르헨티나로 이주한 유대인이었는데, 자신의 딸이 아이히만이라는 이름을 사용하는 남자와 사귀고 있다는 것을 알았어요. 아이히만은 아르헨티나에서 리카르도 클레멘트라는 이름으로 살고 있었지만 그의 아내와 자식들은 모두 아이히만이라는 성을 사용하고 있었던 거예요.

헤르만은 곧바로 나치 추적자로 유명한 서독 검사 프리츠 바우어에게 아이히만의 소재를 알렸고, 바우어는 모사드에게 정보를 제공했어요. 아이히만에 대한 정보를 받은 모사드는 약 2년 동안 클레멘트와 그의 가족들을 감시했고, 1959년 클레멘트가 제2차 세계 대전 당시 유대인 집단 학살의 주범인 아이히만이라는 결론을 내렸어요.

이스라엘 정부는 아이히만을 이스라엘로 데려와 법정에 세운다는 방침을 정했고, 1960년 5월 11일 직장에서 퇴근하는 아이히만을 납치하여 이스라엘로 데려왔어요. 곧이어 이스라엘 정부는 아이히만의 체포와 재판 계획을 발표했고, 이 소식에 전 세계는 깜짝 놀랐어요.

아이히만의 재판은 1961년 4월 11일 예루살렘의 지방법원에서 시작되었어요. 전 세계에서 수백 명의 기자들이 몰려와 북적거렸고 이 재판은 약 4개월 동안 진행되었어요. 아이히만에게 적용된 혐의는 유대인 학살에 대한 범죄, 반인도적 범죄, 전쟁 범죄, 불법 조직 가담죄 등 15가지나 되었어요.

4개월간의 재판 진행 중 유대인 학살에서 살아남은 많은 유대인들이 증인으로 나와 나치와 유대인 학살의 잔혹함을 생생하게 증언했어요. 이 재판은 전 세계적으로 엄청난 관심을 끌면서 화제가 되었어요. 이스라엘 정부가 나치의 잔혹함을 전 세계에 알린다는 취지로 재판의 전 과정을 생중계할 수 있도록 허용했기 때문이에요.

아이히만의 변호사는 아이히만이 정치적으로 정책을 결정하거나 직접 만들지도 않았고, 단순히 상급자의 명령에 따라 유대인들을 수용소로 이송했기 때문에 죄가 없다고 변론했어요. 아이히만도 최후 진술에서 자신은 한 번도 스스로 결정을 내려 본 적이 없으며, 상관의 지시 없이는 어떤 일도 하지 않았다고 말했어요. 그리고 자신이 마지막으로 맡은 임무는 열차 시간표를 관리하는 일이었다고 진술했어요. 하지만 아이히만도 자신이 저지른 일을 부정하지는 않았어요. 아이히만은 유대인을 수백만 명 살해하는 작업에 동참했던 것에 죄의식을 느끼는지 묻는 질문에 그렇다고 대답했어요.

4개월 동안의 재판 과정에서 수많은 증언과 문서를 통해 아이히만이 유대인 집단 학살과 관련해 인원 확보와 수송을 맡았다는 사실은 충분하게 입증되었어요. 1961년 12월 15일 재판부는 아이히만의 혐의 15가지 대하여 모두 유죄를 선고했어요.

재판부는 아이히만이 유대 민족에게 저지른 행위는 가장 끔찍한 범죄라고 판단하여 법정 최고형인 사형(교수형)을 내렸어요. 아이히만의 변호인은 항소했지만 항소심에서도 같은 결과가 나왔어요. 아이히만의 변호인은 대법원에도 상소했지만 1962년 5월 29일 상소는 기각되었어요.

1962년 5월 31일 아이히만은 감옥에서 교수형에 처해졌고 시체는 화장되어 어떤 기념행사도 열릴 수 없도록 지중해에 뿌려졌어요.


# 이의(반대 의견) 있어요!

아이히만이 유대인 집단 학살에 관여했다는 사실 하나만으로도 그의 죄는 명백하기 때문에 아이히만 재판에서 반대 의견을 말하기는 쉽지 않아요. 다만 아이히만의 변호사가 아이히만이 정치적으로 정책을 결정하거나 직접 만들지도 않았고, 단순히 상급자의 명령에 따라 유대인들을 수용소로 이송한 것에 죄를 물을 수는 없다고 주장한 것에 대해서는 생각해 볼 필요가 있어요. 아이히만 자신도 최후 진술에서 자신은 한 번도 결정을 내려 본 적이 없으며, 자신의 마지막 임무는 열차 시간표를 관리하는 일이었다고 말했기 때문이에요.

'명령을 성실히 수행한 자에게 죄를 물을 수 있는가?'

조금 극단적인 예를 들자면, 살인을 지시한 사람과 살인을 행한 자 중에서 '단순히 지시를 받고 살인을 행한 자에게 죄를 물을 수 있는가?' 하는 문제와 같다고 할 수 있어요. 이런 경우 우리는 이미 두 사람 모두에게 죄가 있다는 것을 알고 있으며, 현행 법률에서도 두 사람 모두에게 죄를 인정하고 있어요.

그렇다면 아이히만의 경우는 어떨까요? 아이히만은 살인을 지시한 사람도 아니었고, 그렇다고 살인을 직접적으로 행한 자도 아니었어요. 다만 그는 살인 행위에 가담한 자라고 볼 수 있어요.

중요한 점은 아이히만이 그 상황을 알고 있었느냐의 문제예요. 유대인들을 이송하게 되면 그들이 모두 죽을 것이라는 사실을 알고 있었느냐, 그렇지 않았느냐를 따져 볼 필요가 있어요. 아무것도 모른 채 단순히 유대인들을 이송만 했다면 그에게 죄를 묻기는 쉽지 않을 수도 있어요. 하지만 자신이 이송하는 유대인들이 모두 수용소에서 죽을 것이라는 사실을 알고도 그 일을 수행했다면 그도 죄를 면할 수는 없어요.

독일의 유대계 정치학자이자 작가인 한나 아렌트는 자신의 책《예루살렘의 아이히만: 악의 평범성에 대한 보고서》에서 아이히만의 행위를 다음과 같이 분석했어요.

"아이히만은 규범 이외의 것을 보거나 상상하는 능력이 결여된 인물이지만

자신의 업무에 대해서는 최선을 다한 인물이다. 또 아이히만은 자기가 무슨 짓을 하고 있는지 깨닫지 못했으며, 아무 생각 없이 주어진 일만 수행한 인물이었다."

아이히만에 대한 아렌트의 평가를 요약하면 '아이히만은 그렇게 악한 사람이 아니며, 아무 생각 없이 명령에 순응한 사람'이라는 거예요. 아렌트의 평가대로라면 아이히만의 죄는 크지 않다고도 볼 수 있어요. 그런데 아렌트의 이러한 평가는 조금 잘못되었다는 견해도 있어요.

아렌트는 아이히만 재판을 참관하면서 검찰이 피고인(아이히만) 신문을 하자마자 재판정을 떠나 버렸고, 변호인의 반대 신문에서 아이히만이 영악하게 자신을 변호하는 모습을 보지 못했기 때문에 그런 평가를 내렸다는 거예요. 만약 아렌트가 변호인 반대 신문을 보았다면 아이히만에 대한 평가는 달라졌을 거라는 판단이지요.

나중에 공개된 자료를 보면 아이히만은 재판에 치밀하게 대비했고, 유대인을 강제 수용소로 이송하는 과정에서도 상부의 명령을 무시한 채 이송을 강행했어요. 또 전쟁 이후 아이히만은 나치 잔당들과 나치 재건을 도모했으며, 유대인 학살에 아주 능동적으로 관여했어요. 하지만 재판 당시 검찰 측에서는 아이히만이 개인적으로 단 한 명의 유대인도 직접 살해하거나, 심지어 살해를 명령했다는 증거를 제시하지 못했어요.

그렇다고 아이히만에게 죄가 없는 것은 아니에요. 아이히만은 분명 자신이 이송하는 유대인들이 목적지에 도착하면 어떤 일이 일어날지 알고 있었어요. 즉, 집단 학살이 일어날 것을 알면서도 그는 유대인들을 적극적으로 이송했어요.

당시 상황에서 아이히만이 죄를 짓지 않으려면 상관의 명령을 거부하고 유대인들을 이송하지 않아야 했어요. 아이히만에게는 어떤 선택이 더 중요하고 합리적이었을까요? 전쟁 중에 상관의 명령을 거부하는 것이 옳은 일이었을까요, 아니면 상관의 명령에 충실히 따르는 것이 더 합리적이었을까요? 아렌트의 평가대로라면 아이히만은 상관의 명령에 따를 수밖에 없었을 거예요.

아이히만에게 면죄부를 줄 수 있는 것은 생각하고 판단할 능력을 상실한 채 상관의 명령에 복종해 유대인 집단 학살에 동참했다는 사실이에요. 그렇다고 그의 죄가 결코 가볍다고 볼 수는 없어요. 유대인 집단 학살에 직간접적으로 가담한 모든 사람은 가장 악랄한 범죄를 저지른 것이기 때문이지요.

# 소송을 바라보는 눈

제2차 세계 대전 당시의 유대인 집단 학살은 인류가 저지른 가장 큰 범죄이자, 가장 큰 아픔으로 자리 잡고 있는 사건이에요. 세계는 이런 비극이 다시는 일어나지 않게 하려고 전쟁이 끝난 직후 뉘른베르크 재판을 열어 나치 전범들과 전쟁 책임자들을 처단했어요. 하지만 뉘른베르크 재판은 세계인의 관심을 끌지 못했어요. 승전국인 연합국이 패전국인 독일을 상대로 한 재판이었기 때문에 사람들은 당연한 것으로 받아들였고, 그런 까닭에 크게 주목을 받지 못했던 거예요.

전쟁이 끝나고 15년 뒤에 있었던 아이히만 재판은 한 사람에 관한 재판이었지만 뉘른베르크 재판보다 훨씬 파급력이 컸어요. 아이히만 재판을 통하여 세계는 나치가 저지른 유대인 집단 학살의 참혹함을 다시 한 번 알게 되었고, 독일 국민 또한 자신들이 저지른 만행에 대하여 반성하는 계기가 되었어요.

이스라엘 정부가 아이히만을 체포한 후 전 세계가 지켜보는 가운데 재판을 연 가장 큰 이유는 유대인 집단 학살의 참상을 세계에 알리기 위해서였다고 볼 수 있어요. 물론 이스라엘 정부의 그 목적은 기대 이상으로 달성되었어요.

'명령을 수행한 아이히만에게 죄가 있는가?'

우리는 이 물음에 대한 답을 이미 알고 있어요. 뉘른베르크 재판이나 아이히만 재판에서도 상관이나 국가의 명령이었다고 하더라도 그것이 반인도적 범죄라면 명령을 수행한 사람에게도 법적 책임이 있다고 판단했어요. 하지만 '내가 아이히만이라면 어떤 선택을 했을까?'라는 물음에 대답하기는 쉽지 않을 거예요. 전쟁 중인 상황에서 상관의 명령에 불복종한다는 것은 곧 죽음을 의미하기 때문이지요. 또 자신을 희생하여 다른 사람을 구한다는 것은 누구나 할 수 있는 일이 아니기 때문이지요.

아이히만의 입장에서 상관의 명령을 거부하는 것은 곧 자신의 죽음을 의미하기 때문에 그 명령을 거부하기란 정말 쉽지 않았을 거예요. 아마도 대부분의 사람이 이런 선택을 할 수밖에 없었을 테고요. 그렇다고 아이히만의 선택을 어쩔 수 없는 선택이라고 동조하는 것 또한 바람직한 생각은 아니에요. 왜냐하면 우리 주위에는 그럼에도 불구하고 자신을 희생하여 옳은 일을 하는 사람들이 분명히 존재하기 때문이지요.

아무리 상관의 명령이었다고 하더라도 그는 범죄를 저지른 것이고, 그 범죄에 대해 면죄부를 받을 수는 없어요. 우리가 아이히만에게 아쉬운 점은 과연 그것이 최선의 행동이었느냐는 거예요. 재판에서 공개된 자료를 보면 아이히만은 매우 적극적으로, 능동적으로 자신의 임무를 수행했다고 나와 있어요. 죄책감을 느낀 사람이라면 이런 행동을 할 수는 없었을 거예요. 바로 이런 점이 명령에 충실히 따른 아이히만에게 면죄부를 줄 수 없는 이유이기도 하지요.

여러분이 아이히만이었다면 어떤 선택을 했을까요? 아이히만처럼 명령에 충실히 따랐을까요, 아니면 명령에 불복종하여 죽음을 택했을까요? 아니면 명령에 따르면서도 최선의 길이 무엇인지 고민했을까요? 선택은 쉽지 않을 거예요. 아이히만 재판의 중요한 의미는 바로 이 쉽지 않은 선택의 문제에 약간의 방향을 제시한 것이라고 볼 수 있어요.

유대인 집단 학살과 같은 인류사의 비극은 다시는 일어나지 말아야 할 일이지만 세계가 계속해서 이념 논쟁, 종교 갈등, 무역 전쟁 속에서 살아가는 한 이런 비극이 또다시 일어나지 않으리라고 단언하기는 쉽지 않은 상황이에요. 지금도 세계 곳곳에서는 부족 간의 갈등이 존재하고, 그 갈등이 표출되면서 많은 사람들이 희생되고 있어요.

이 시점에서 세계는 유대인 집단 학살의 비극을 다시 한 번 떠올리면서 반성하고, 인류의 공동 발전을 위해 협력하고 배려하는 자세를 가졌으면 하는 바람이에요.

·

# 뉘른베르크 전범 재판과
# 도쿄 전범 재판

　제2차 세계 대전을 일으킨 독일의 나치와 일본의 군국주의 세력에 대한 재판은 독일의 뉘른베르크와 일본의 도쿄에서 진행되었어요. 연합국은 이미 전쟁이 끝나기 전인 1944년 말 독일의 전쟁 책임자들을 처단하기로 결정하였고, 1945년 8월에는 '국제 군사 재판소 헌장'을 채택했어요. 또 '국제 군사 재판소'가 발족하면서 처음으로 전범자들을 처단하기 위한 국제법적 장치가 마련되었어요.

　제2차 세계 대전 후 연합국의 '국제 군사 재판'에서는 독일과 일본의 전쟁 범죄자를 A급, B급, C급의 세 가지로 분류했어요. 이 중 A급 전범은 '국제 조약을 위반하여 침략 전쟁을 기획, 시작, 수행한 사람들(평화에 대한 죄)'을 말해요. B급 전범은 '전쟁법과 전쟁 관습법을 위반하고 살인, 포로 학대, 약탈 등을 저지른 사람들(전쟁 법규를 위반한 죄)'을 말하고, C급 전범은 '상급자의 명령에 의하여 고문과 살인을 직접 행한 사람들(인도에 대한 죄)'을 말해요. A급 전범은 모두 국제 재판에서 처리되었고 B, C급은 모두 그들이 수용된 나라에서 처리되었어요.

　뉘른베르크 전범 재판은 1945년 나치 독일의 전범과 유대인 집단 학살 관련자들을 심판하기 위해 독일 뉘른베르크에서 열린 연합국 측의 국제 군사 재판이에요. 이 재판은 '뉘른베르크 재판' 또는 '뉘른베르크 국제 군사 재판'이라고 불러요.

나치 독일의 전범들은 '평화에 반대하며 죄의 달성을 위해 음모에 참여한 죄, 침략 전쟁을 비롯한 각종 평화에 반한 죄를 계획, 개시 및 전개한 죄, 전쟁 범죄, 인도에 반한 죄' 등의 이유로 기소되었어요. 이 재판은 1945년 10월부터 이듬해까지 약 1년 동안 이어지며 A급 전범 24명을 기소했어요. 이들 중 2명은 재판 도중 자살 또는 병으로 사망하여 총 22명에 대하여 판결이 내려졌어요. 22명 중 12명에게는 사형이, 3명에게는 종신형이, 4명에게는 징역형이, 나머지 3명에게는 무죄가 선고되었어요.

1차 재판이 끝나고 1946년 12월부터는 유대인 집단 학살에 관한 재판이 열렸어요. 이 재판은 1949년 3월까지 이어졌는데 이 재판에서는 유대인 집단 학살에 관여한 의사, 관료, 법률가 등 185명이 기소되었어요. 이들 중 25명에게는 사형이, 20명에게는 무기징역이 선고되었어요.

▲ 제2차 세계 대전 중 폴란드 남부 오슈비엥침(독일어명은 아우슈비츠)에 있었던 독일의 강제 수용소 이자 집단 학살 수용소

뉘른베르크 전범 재판 당시 논쟁이 된 부분은 일반 병사들과 하사관 등 명령에 따를 수밖에 없는 위치에 있었던 이들의 처벌 문제였어요. 재판부는 이 문제에 대해 법률이 죄악의 도구로 전락했을 때에는 양심에 따라 행동해야 하므로 상부 명령이라 하더라도 그 명령을 수행한 사람들은 죄가 있다고 못 박았어요.

한편 도쿄 전범 재판의 정식 명칭은 '극동 국제 군사 재판'이에요. 극동 군사 재판소가 도쿄에 있어 흔히 '도쿄 재판'이라고도 불러요. 이 재판은 1946년 2월 연합국 최고 사령관인 맥아더가 '극동 국제 군사 재판소 헌장'을 공포하고, 일본의 전쟁 책임자들을 처단하기 위해 '극동 국제 군사 재판소'를 구성하면서 시작될 수 있었어요.

1946년 5월 전쟁 피해국에서 재판부와 검사를 파견해 구성된 도쿄 전범 재판에서는 히로히토 일본 천황이 빠지고, 당시 수상이었던 도조 히데키 등 28명의 A급 전범들이 기소되었어요.

도쿄 전범 재판은 뉘른베르크 전범 재판과 비슷하게 진행되었는데, 1948년 11월 재판부는 재판 도중 사망한 3명을 제외한 25명 전원에게 유죄 판결을 내렸어요. 이들 중 7명에게는 교수형이, 16명에게는 종신형이, 나머지 2명에게는 금고형이 내려졌어요.

뉘른베르크 전범 재판과 도쿄 전범 재판은 승전국이 패전국을 상대로 한 일방적인 재판이었지만 평화에 반대하는 반인도적 범죄에 대해서는 언제든지 세계가 함께 처벌한다는 것을 보여 준 역사적인 재판이었다고 볼 수 있어요.

세계는 내 친구 시리즈 1

논리력과 사고력을 키워 주는 청소년 세계사

# 세상을 바꾼 재판 이야기

**1판 1쇄 펴낸날** 2020년 2월 5일
**1판 3쇄 펴낸날** 2022년 5월 25일

**글쓴이** 박동석
**펴낸이** 김정희
**펴낸곳** 하마출판사

**책임편집** 권영선
**일러스트** 이희준
**디자인** 섬세한 곰

**출판등록** 2017년 6월 8일 제406-2017-000067호
**주소** 경기도 파주시 와석순환로 61 716동 403동 (야당동, 한빛마을 7단지)
**전화** 031-919-4331
**팩스** 031-942-4332
**전자우편** phhjk09@naver.com
**ISBN** 979-11-90521-10-9 43900

 KC마크는 이 제품이 공통안전기준에 적합하였음을 의미합니다.